高等教育现代化的建设实践探究

夏晓东◎著

文化发展出版社
Cultural Development Press
·北京·

图书在版编目（CIP）数据

高等教育现代化的建设实践探究 / 夏晓东著 . 北京 ：文化发展出版社，2024. 7. -- ISBN 978-7-5142-4384-0

Ⅰ . G649.21

中国国家版本馆 CIP 数据核字第 2024K8Q405 号

高等教育现代化的建设实践探究

夏晓东　著

出 版 人：宋　娜

责任编辑：袁兆英　　责任校对：岳智勇

责任印制：邓辉明　　封面设计：守正文化

出版发行：文化发展出版社（北京市翠微路 2 号 邮编：100036）

网　　址：www.wenhuafazhan.com

经　　销：全国新华书店

印　　刷：天津和萱印刷有限公司

开　　本：710mm × 1000mm　1/16

字　　数：202 千字

印　　张：10.75

版　　次：2025 年 1 月第 1 版

印　　次：2025 年 1 月第 1 次印刷

定　　价：72.00 元

I S B N：978-7-5142-4384-0

前 言

当今，教育日益成为社会发展的重要方面，教育现代化成为国家兴旺的必由之路。作为教育现代化的一个分支，高等教育现代化是一个复杂的系统工程，涉及思想理念、物质基础、制度体系和道路选择等各个方面，其中思想理念是高等教育现代化发展的先导和引领。当前我国高等教育现代化建设在物质基础方面已经取得一些显著成绩，建成了世界上规模最大的高等教育体系，许多客观指标已达到或接近世界先进水平，然而现代化的主体是人，最终决定我国高等教育现代化建设成败的关键是人，思想理念的现代化才是高等教育现代化的本质所在。

伴随全球性的教育现代化的发展，信息革命给人类社会在空间、时间上带来的深刻变化。高等教育尤其是工程教育对工程实践能力要求也逐渐提高，素质教育成为人才培养目标的主要内涵也越来越成为共识。伴随教育手段的现代化、教学形式的信息化和网络化发展趋势，教育技术日渐渗透到教学活动的各个环节。在过去的一段时间里，众多高校往往将教育技术与教育技术队伍视为纯粹的教学辅助手段。然而，随着教育现代化的不断发展，我们逐渐认识到，教育技术和教育技术队伍在教学活动中所扮演的角色远非如此。实际上，二者在教学活动中发挥着至关重要的作用，对于推动教育现代化进程具有不可或缺的作用。因此，我们需要重新审视教育技术和教育技术队伍的地位和作用，以更好地适应教育现代化的需求。

本书的写作初衷是使高等教育现代化的建设受到社会各界的重视，改变长期以来人们认识上的偏差。希望通过我们的研究，能引起高等教育理论工作者和有关专家对高等教育现代化进行更深入的研究，并能使教育技术和教育技术队伍在教育改革发展和教育现代化建设中有一个更确切的定位。

本书第一章为高等教育现代化的相关理论，分别介绍了现代化与教育现代化概述、高等教育现代化的理论建构两个方面的内容；本书第二章为高等教育现代化的发展目标与推进模式，主要介绍了两个方面的内容，依次是高等教育现代化的发展目标、高等教育现代化的推进模式；第三章为国外高等教育现代化发展战略，分别介绍了四个方面的内容，依次是美国高等教育现代化发展战略、英国高等教育现代化发展战略、日本高等教育现代化发展战略、德国高等教育现代化发展战略；第四章为我国高等教育现代化建设实践，依次介绍了我国高等教育现代化的实践背景、我国高等教育现代化的发展状况、我国高等教育现代化的发展战略三个方面的内容；第五章为高等教育现代化建设的创新视角，主要介绍了三个方面的内容，分别是多元主体治理下的高等教育现代化、现代教育技术影响下的高等教育现代化、信息化背景下的高等教育现代化。

在撰写本书的过程中，笔者参考了大量的学术文献，得到了许多专家学者的帮助，在此表示真诚感谢。本书内容系统全面，论述条理清晰、深入浅出，但由于笔者水平有限，书中难免有疏漏之处，希望广大同行及时指正。

夏晓东

2023年11月

目 录

第一章　高等教育现代化的相关理论

本书第一章为高等教育现代化的相关理论，论述了高等教育现代化的基础概念，分别介绍了现代化与教育现代化概述、高等教育现代化的理论建构两个方面的内容。

第一节　现代化与教育现代化概述

一、现代化的基本涵义

20 世纪 60 年代以后，“现代化”一词在西方社会科学研究中才逐渐流行起来。它原本仅是一种思潮，后来渐渐变为一种研究范式，被广泛应用到各个方面。在我国，“现代化”一词运用更早并早已家喻户晓，它早期同“西化”“欧化”“近代化”等词意义相似，意指向西方国家学习，达到富国强兵的状态。现在运用最多的也主要是这一方面，只不过学习的目标和内容随时代发展已有了显著的变化。由于我国“现代化”对“学习”的强调，它同教育的关系也就更是如鱼得水而须臾不可分离，这一点在知识经济一日千里的今天尤甚。

对于现代化的准确定义，当前国内外尚缺乏一个明确的说法，国内外多数学者都强调“现代化”的理论体系仍不够科学和完整，因此有很多人在从事这方面的研究，并广泛运用“现代化”这个术语来描述当代社会所发生的一些事情。

（一）现代化是一种思潮

“现代化”作为一种思潮，主要指 20 世纪五六十年代以来由西方逐渐兴起的一种社会学和历史学分析思潮。虽然我们无法考证“现代化”这一术语究竟在何时何地由谁首先使用，但二战之后的美国社会科学界的确是现代化研究的中心。[①] 根据国内学者的总结，现代化研究在国外作为一种思潮，主要经历了这样的过程：

---

① 张应强．高等教育现代化的反思与建构 [M]. 哈尔滨：黑龙江教育出版社，2000.

“现代化”这一术语被广泛使用始于1951年6月美国芝加哥大学举行的一次学术会议，当时主要是为了能更好地说明农业社会向工业社会的转变过程。1953年，美国普林斯顿大学社会学教授小马里恩·利维（Marin Levy）在《中国与日本现代化中的相反因素》一文中开始正式使用“现代化”的称谓。后来比较现代化学者C.E.布莱克（C.E.Black）将现代化概括为人们在描述自然和社会现象的过程中创新出来的一种思维方式，他在1966年写成的《现代化的动力》一书中阐述了这个观点。1976年，著名国际政治理论家塞缪尔·亨廷顿（Samuel Huntington）进一步将现代化的思想具体化和丰富化，他指出，现代化是将人类及这个世界的安全、发展和完善，作为人类努力的目标和规范的尺度。亨廷顿认为社会有能力发展起一种制度结构去适应不断变化的挑战和需求。此后，1984年，日本的学者又从发展的“流迹轨线”和“阶段目标”的角度，把现代化的进程依照“连续模式”和“隔断模式”进行了分类。1988年，R.R.帕尔默（R.R.Palmer）和J.克尔顿（J.Colton）又进一步将现代化解释为一种文明由低到高的演进过程。1993年，A.R.德塞（A.R.Desai）则将“现代化”概括为人类进化中的一个理性阶段及社会由此发生的巨大量变、深刻质变及其合理分界点的判断。以上学者分别通过自己的理解，对“现代化”的概念做出了不同的解释。其中有补充和完善的，也有另辟蹊径的，总体反映了学者认识社会的一种新的视角。他们从不同的角度对现代社会进行了具体研究，逐渐形成一种非常有影响力的“现代化”研究大潮，开始在社会学、历史学，甚至政治学、经济学等非常广阔的领域展开具体研究。

（二）现代化是一种状态

“现代化”作为一种状态，主要是指世界先进国家在进行工业革命后迅速达到的一种先进状态，既包括“工业社会”状态，也包括所谓“后工业社会”状态。它并不完全指经济发展一个方面，也包括随之而来的政治、文化、生态等一系列社会变化及结果，所以必须将“现代化”与“工业化”或“西化”区别开来。工业化意指制造业的发展，它只是现代化诸多因素中的一个，不能完全替代现代化的内涵。西化是指对欧美国家的一种高度模仿，也不能等同于现代化本身。因为并不是所有西方国家都是现代化的，也不是现代化就必须完全等同于西方国家。

“现代化”根据时代发展的不同有不同阶段，其主要指脱离了传统农业社会后，国家在都市化、机械化、自动化与专业化都非常高的情况下，所表现的经济持续增长、职业分化复杂、文化多元繁荣以及政治平等民主等主要特征的社会状态[①]。在“后现代主义”思潮兴起之后，“现代化”的标准和条件已经变得非常多元化，大家的追求和选择也变得丰富起来。持这种观点的现代化学者，不仅提出“现代化”社会的观点，还提出运用“现代性”与“传统”的概念来进行前后的社会对比，将现代社会的“现代性”特征大致概括为一些具体的基本特征，如法制化、民主化、都市化、工业化、福利化、均富化、宗教世俗化、知识科学化、教育普及化等。这些特征实际上已成为后进国家进行现代化的参考目标。

（三）现代化是一个过程

由于经济社会整体发展水平都比较落后，发展中国家一般多将现代化定义为，经过发展在社会、文化、经济、技术等方面赶上世界先进水平的历史过程。如我国提出的“实现四个现代化”“全面建设社会主义现代化国家”等。

美国普林斯顿大学社会学教授吉尔伯特·罗兹曼（Gilbert Rozman）曾指出，现代化是人类历史上无可避免的、最剧烈、最深远的一场社会变革[②]。他认为，现代化在各个地区的发展并不相同，主要分为先行自发国家和成功的后来者，前者在一段很长的时间内，循序渐进地将本国中一些基本因素进行了成功转变，如西欧和美国；而后者则主要依靠借鉴国外模式或在外来模式的冲击下，迅速改变了传统的结构，如日本、韩国等，中国亦属后者。他指出，现代化一经展开便会影响到全国，现存社会模式将无一例外地遭到破坏。现代化已成为一种目标，不管是依靠武力还是人心所向，所有不是先行者的国家都成了后来者，都存在着本土因素与外来因素的激烈冲突或磨合[③]。按照这个解释，对于发展中国家来说，现代化不是一种自然的社会演进，而是一种自觉的追赶和超越，即按照选定的目标，短时间地、有效率地依计划学习先进国家成果的过程[④]。

（四）现代化是一种研究范式

这种对现代化的认识最早来自德国著名历史学家马克斯·韦伯（Max Weber）。他认为，现代化是一种“文明的形式”，代表了一种历史时代，主要体

---

① 陈劭锋，牛文元，杨多贵．现代化指标体系的设计与测度[J]．中国科技论坛，2001（6）：53—56．

② 罗兹曼．中国的现代化[M]．国家社会科学基金“比较现代化”课题组，译．南京：江苏人民出版社，1988．

③ 同上．

④ 罗荣渠．现代化新论：世界与中国的现代化进程[M]．北京：北京大学出版社，1993．

现为一种心理态度、生活方式和价值观的改变[①]。作为他的学生，塔尔科特·帕森斯（Talcott Parsons）引申了这一思想，他指出，“现代化就是人类对自己生存环境合理性控制的扩大，这种环境既包括自然环境，也包括社会环境”[②]。韦伯学派将现代化代指为“合理化”，并突破了纵向的历史学研究的范式而提出了横向的社会学研究的一些方法，逐渐将“现代化”发展为一种研究当代社会变化的理论范式。

此后人们逐渐在此基础上形成了许多不同的研究流派，对现代化的发展过程、基本特点及其对社会的影响等提出了许多不同的分析模式。如美国著名社会学家罗兹曼将知识增长看作现代化历史发展的原动力和关系到国内、国际实际发展状况的重要矢量，用其来分析一国的政治发展、经济增长和社会福利等，形成一种全新的思维方式[③]。而另一位美国著名社会学家阿历克谢·英格尔斯（Alex Inkeles）则通过对现代人特征的分析研究指出，人是现代化的主体，强调现代化不只是经济发展和政治发展，也是文化发展和精神发展，并通过对人的心理、思想和行为方式的研究，提出了一系列观察现代化的重要指标[④]。由于“现代化”是对社会进步、社会变迁的各个侧面、各个层次的多方位变化的总概括，因而现代化研究一开始就深入社会的各个侧面，表现出多学科研究的性质。这样，一批同“现代化”理论相关的新兴学科或理论体系应运而生，并在社会科学领域逐渐形成一种颇具特点的“现代化”研究范式。

（五）现代化是一个历史范畴

这种观点主要源于对马克思主义“现代”观的研究和认识。马克思主义者认为，历史发展是分阶段的。“现代”既是对当事人所处时代的一种时间概念，也主要反映一种由生产力变革所形成的社会发达阶段。如马克思（Marx）、恩格斯（Engels）就曾把他们所生活的 19 世纪称为“现代”。这个概念虽然是个时间概念，却是对当时时代的泛称。它实际上特指由工业革命引起的、资产阶级高度发达的历史阶段。在《共产党宣言》中，曾经出现过很多关于“现代”的提法，如“无产阶级即现代工人阶级”“现代的工人”等，均突出了“现代”的时代意义。他

① 韦伯．世界经济通史[M]．杨一，译．北京：民主与建设出版社，2024.

② 帕森斯．社会行动的结构[M]．张明德，夏遇南，彭刚，译．南京：译林出版社，2003.

③ 罗兹曼．中国的现代化[M]．国家社会科学基金“比较现代化”课题组，译．南京：江苏人民出版社，1988.

④ 英格尔斯．人的现代化[M]．殷陆君，编译．成都：四川人民出版社，1985.

们甚至还直接将这个“现代”解释为“我们的时代，资产阶级时代”[①]。另外，恩格斯在评价马克思所发现的“剩余价值理论”时曾说，这一理论“揭露了现代资本主义生产方式以及以它为基础的占有方式的机制，揭示了整个现代社会制度得以确立起来的核心”[②]。这个评论一针见血地指出，马克思划分新时代的根据就是生产方式的变化。据此“现代”的科学含义也就可以理解为，由现代资本主义生产方式而引起的一系列变革所开辟出的新时代。因此，马克思主义的现代观是一个特定的历史范畴，“现代性”特指资本主义时代的特征，“现代化”也就是指由传统社会向资本主义社会的具体转变。正是建立在这种历史观的基础上，马克思分析了传统社会的根本缺陷，指出“现代社会”的基本矛盾，并预言了未来社会的发展走向。

马克思认为，资本主义主导的现代世界将会成为一个整体。他预言了经济全球化的发展，并提出生产方式将成为决定社会现代化发展的关键因素；还指出了人在现代化发展中的主体性和能动性，提出了现代化发展趋势具有不可逆转的必然趋势。尽管马克思主义经典作家都未曾直接提出过“现代化”的范畴与理论，但是他们关于“现代”的科学论述，以及对“现代社会”特征的深刻认识，仍然是现代化理论研究中不可逾越的一个高峰，尤其是马克思在《资本论》一书中运用科学的范式对现代社会进行深入剖析的方法，事实上还开了运用“现代化”进行研究的范式先河。因此，尽管国外的学者对马克思关于“现代化”理论的研究不多，但却仍不可否认马克思是一名关于现代化研究的早期探路者。

综上所述，对“现代化”的几种归纳并不一定恰当和全面，其中有许多观点也难以截然分清，它们往往相互渗透和相辅相成。概括起来，现代化既是一个过程，也是一种状态；既代表人类从传统社会向理想社会转变的一个历史进程，也标志着人类文明发展的一种前沿状态。由于文明的发展没有止境，现代化也绝不会一帆风顺。因此，现代化研究涉及方方面面，是一个全面、综合、复杂的研究范式及理论。从时间上来说，大约从 1500 年起到永无止境的“当前”；从性质和水平来说，代表人类先进水平的工业化、后工业化、信息化、城市化等基本特征；从动态上看，主要是国家社会水平发展的一个过程。它在时间上只有起点，没有终点，不同时代的现代化有不同的水平，其指标水准也不会固定不变。

---

① 马克思，恩格斯．马克思恩格斯选集：第 1 卷 [M]．中共中央马克思恩格斯列宁斯大林著作编译局，编译．北京：人民出版社，1966.

② 马克思，恩格斯．马克思恩格斯全集：第 26 卷 [M]．中共中央马克思恩格斯列宁斯大林著作编译局，编译．北京：人民出版社，2014.

总的来说，“现代化”可以说是一个有若干维度和层面的复杂概念，发达国家侧重于理论，主要是用“现代化”的视野来分析和观察一些社会、历史问题；而发展中国家则更多着眼于实践，主要从经济、政治、文化的角度来分析研究“现代化”。我国是一个发展中国家，因此对“现代化”的理解和运用也主要以后者为主。一定时间内，“现代化”在国人的心目中与“救国”“强国”等概念所差无几。当前，实现国家的“现代化”已成为“中国梦”的一部分，各行各业都提出了自己的现代化目标，用来激励和鼓舞人心。学者也分别就不同领域里的现代化展开各种分析和研究，进行了许多宝贵探索，提出了许多有益之见。可以说，作为一种理论范式，现代化研究尽管仅有 50 多年历史，却流派众多。由于研究视角的区别，世界现代化的发展主要呈现为两种不同的模式，即一直处于发展前沿的“自然成长型”和从落后到先进的“后发追赶型”。其区别也主要因针对对象的不同，如面对发达国家的“后现代化理论”和针对落后国家的“经典现代化理论”。还有我国学者提出的“第一次现代化和第二次现代化理论”等。实际上从世界范围内来看，现代化并没有所谓的标准模式和最佳模式，而必须根据该国的实际状况去选择合适的发展模式。需要指出的是，无论处在哪一个现代化阶段，选择哪一种路径，“人”的觉醒和发展都应该是第一位的。因此知识和文化也理应成为现代化发展中最主要的因素，由于这些因素的发展都无法离开教育，这也就给本研究提供了一个最为重要的理论和现实支撑。

二、教育现代化的概述

教育现代化作为一个整体的发展过程而存在，除具有现代化的共性之外，也有一些自己的独特属性。它是社会现代化有机整体的一个组成部分，是一个具体的概念，不是一个抽象的模型。

（一）教育现代化的基本内涵

就像人们对现代化难有一个统一的说法一样，学者对教育现代化的看法也不一致。

过程论的观点认为教育现代化主要是传统教育向现代教育转化的一种过程，持这种观点的主要有顾明远、周川、冯增俊等。他们认为，这种转化并不需要把传统教育全部抛弃，而是通过对传统教育的选择、改造、发展和继承去构建一个新的现代教育。这种观点有别于另一种将现代化转变也看作一个过程的“西化论”。它忽略了教育发展中传统因素的重要作用，认为西方就是现代化的模板，教育现代化就是要照搬西方的模式，是一种比较狭隘的过程论观点。

相对而言，要素论的提出则对教育现代化的研究进行了更加全面的补充。它从教育只是社会众多要素之一的角度指出，没有社会其他层面如政治、经济、文化等的现代化，就不能有教育现代化的发展。有学者认为，社会的各主要方面达到现代化是实现教育现代化的先决条件。这种观点界定的重点在于教育的社会属性与功能，带有明显的社会价值倾向。

人化论其实是要素论的特殊表现，它认为教育现代化的关键是“人”，强调“人”在这个过程中的主体性。这种观点突出了“人”在现代化中的重要地位，认为现代化实现的前提和目的都必须是“人”。因为教育在“人”的发展中具有重要的作用，从而将教育现代化作为实现国家现代化的前提和最终归宿。这个界定体现了人道主义的价值追求，同强调社会本位的价值取向不同，是一种个体发展取向的界定，也不免失之偏颇。

近年来，受西方后现代主义思潮及发展中国家文化觉醒的影响，一种“文化论”的观点也渐渐清晰起来。这种观点认为，文化是教育发展的土壤，教育的发展实质是一种文化的外在体现，只有文化发展了，教育才能最终变化。文化现代化是教育现代化的本质表现，教育就是文化。由于文化本身的丰富性，其实质往往涵盖了物质生活和社会精神的各个方面，因此这种观点一方面更加全面地指出了教育现代化的本质，另一方面却由于文化本身的难以把握而尚未形成共识。

总之，无论哪一种界定，我们都可以从中看出，作为社会现代化的一部分，教育现代化既是一个新旧转化的过程，也是一种现代性的状态。它是一项复杂的系统工程，包括教育思想、教育制度和教育发展方式等的现代化。它通过各要素的积极选择而不断创新发展，逐步累积教育中的现代性，最终达到和保持一种先进的教育水平或状态。高等教育作为教育的一个分支，其现代化的内涵大体同教育现代化一样，也是一个具有目标指向的教育发展过程。它是教育中的一个特殊领域，其现代化具体反映了社会现代化过程中的一个特殊层面。

（二）教育现代化与相近概念的区分

1. 教育现代化、现代化教育和现代教育

教育是现代社会不可或缺的有机组成部分，当社会不断向现代化进发的同时也必然引起相应的教育向现代化转变。为了能准确地对教育现代化进行定位，我们很有必要区分一下现代化教育和现代教育。

当前，学术界对于这两者的认识仍然不是很清晰，区分也不是很严格，经常

出现将二者等同、交替使用的情况。实际上，因为近代以来传统教育已基本不复存在，因此我国一直喜欢将来自西方的教育模式简称为“现代教育”。而将教育现代化看作由传统教育向这种现代教育的转变过程，并将转变后同现代社会的融合视为教育现代化成功的标志。此观点比较倾向于“结果”，认为现代教育是社会发展至一定历史阶段的结果，有基本的原则和特性，这些特性也可以称为“现代性”，只要完成了“现代性”的转变，教育现代化即可宣布成功。持这种观点的学者一般也都同意现代教育来自欧洲，并直接起源于文艺复兴，为适应工业社会的发展，由现代高等教育衍生而来的一系列教育制度、教育理念和教育内容等。由于将现代教育特指化，这种观点一般认为现代化教育是不同于现代教育的。教育现代化首先应该完成传统教育向现代教育的转变，然后再根据社会需要进行现代化教育的建设。它对现代教育的考察侧重于教育的本质变化，而不太重视教育的手段和技术等，倾向于将教育现代化理解为达到一种相对静止的状态。

另外一种代表性观点则主要从现代社会的客观基础出发，认为现代教育就是现代社会的教育。这种观点倾向于将现代化教育与现代教育等同，将其看作动态的。它认为，依靠社会进步所产生的各种先进科学技术手段的现代化来进行教育才是教育现代化最本质的意义。从而教育现代化首先要抓好基础和硬件等物质建设，其基本载体和切入口是技术装备的现代化。因此，教育现代化要充分利用好电教技术手段、网络等先进技术，并在此基础上大力加强对现代化教育思想、教育方法、教育内容以及专职教师队伍的建设等，从而达到教育的全面现代化。这种观点更侧重于“过程”，强调“现代”的适时性，将教育现代化理解为教育为适应时代发展而进行的各种转化，处于一种永动的状态之中。

以上两种观点，由于对现代教育和现代化教育的理解不甚相同，对教育现代化的理解也略有不同，但都赋予现代教育以某些“现代”的特性，并将教育现代化理解为教育由传统向现代的转变。正如袁本涛所认为的，教育现代化与现代教育其实可理解为一种过程与结果的统一。这种观点的实质是将教育现代化看作一个过程，而这个过程的结果就是“现代教育”。二者其实是统一的，用“教育现代化”只是为了更好地表达“现代化”对教育的积极影响。由于这种表达更能使我们以现代化的思维方式去思考教育理论并进行教育实践，并能始终站在时代发展前列，把教育发展不断引向新的高度，因此其最为常见。

2. 教育现代化与教育传统或传统教育

在教育现代化的过程中，正确处理传统与现代的关系无疑是一个极其重要的课题。现代教育是从传统教育中孕育出来的，它既是前人教育思想的升华，也是前人教育成果的积累。现代化的教育思想、内容和方法不过是一个个历史阶段中教育精华的积淀，所以对于现代教育而言，传统教育、传统文化是其不可或缺的基础。从传统教育逐渐走向现代化教育的过程就是教育现代化，处理好教育传统与教育现代化的关系是它能顺利实现的前提和基础。

当前对于教育现代化与传统教育或教育传统的关系，中外学者都不主张将二者完全割裂开来。就算是以效仿西方教育为目标的落后国家，一般也不再完全否定本国传统教育中的一些优良传承。同样，我国学者也开始正确审视我国教育传统中那些优秀的做法，并将其运用在当前现代化的教育之中。

中国教育现代化的过程受到西方教育理念和制度的影响。19 世纪 60 年代开始，中国在教育体系中引入了西方的教科书、师资、课程内容以及教学组织形式和管理制度。西方的实证主义和实践主义理念，以及对个体发展和平等机会的强调，给中国传统教育体系带来了挑战，并促进了教育现代化转型。这种新的教育过程同我国历史上曾经传承多年的教育传统有根本差别，因此许多学者也对在教育现代化过程中承继传统有不同的看法。他们认为，中国传统教育与西方现代教育是本质不同的两种教育方式，必须进行根本性的改变。中国教育的现代化过程就是一个不断摆脱传统教育束缚，逐渐建设适应新社会、新型教育制度的过程。由于这种观点认为教育现代化必须对我国传统教育进行颠覆性改变，因此所谓“取其精华，去其糟粕”并不能轻易实现。

第二节　高等教育现代化的理论建构

我们对于高等教育现代化本质的探讨，其实蕴含着高等教育的现代性理念。按照高等教育现代化的本质，建构和具体展现高等教育的现代性理念，是我们探讨高等教育现代化的逻辑必然。高等教育现代性的建构，既要对现代性进行批判，又要对现代性进行解蔽，给现代性灌注时代内涵和未来精神。当然，这种建构是一种理论上的建构。只有首先实现了观念上的革命和理论上的建构，我们才能在高等教育实践中自觉地以理论为指导，进行高等教育改革，建立一种面向未来的高等教育体系。

高等教育现代性的理论建构其实就是确立一种新的高等教育哲学，就是对教育本质、教育目的、教育功能、教育内容等进行重新思考，以提出关于教育的总体性认识。因为全部的教育问题，无论是理论问题，还是实际问题，都集中体现在某种教育观中，都以某种教育观作为指导。

一、教育本质观：文化与人的双向建构

探讨教育本质，确立一种新的教育本质观，必须以人作为分析视点。因为“教育面对的是人，教育的世界是人的世界”①，无论人们对教育持何种观点，都不可否认教育与人的紧密联系。以人作为我们探讨教育本质的视点，使我们进入了复杂的人学世界，触及人的存在与本质这一古老而常新的话题。

（一）人——实践生成的存在

人是宇宙之谜。自从人类具有了自我意识，把人与自然万物独立开来之后，人就一直在追问自己：我是谁？我从哪里来？要到哪里去？不同时代，不同民族，不同宗教，不同的哲学，都在尽力破解人之谜。人之所以投入极大的热情来理解人，认识人，是因为人对人的认识会影响到人的存在，甚至可以说，人认识人，是为了改变人、提升人、塑造人。在今天，人借助于科学和技术，认识事物的能力得到了极大的提高，但人对人的认识却是尚未完成的课题。这一方面是因为人对人的认识难以采用主客二分的方式，人既是认识者，又是认识的对象，认识过程中人的双重身份使得人对人的认识要浸入人之中。另一方面是因为人在本性上并没有像事物那样具有“稳定结构”或“构造”，人本身处于非确定的变化之中，处于永远的生成过程中，人的一切皆因人及其创造的文化而变。尽管如此，人作为在世万物之一种客观存在着，只不过与物之存在具有不同的性质而已。

1. 人的自然存在与自然生成

人是自然存在的，具有自然生命和稳定的生理构造，这是一个不须赘述的事实。生物学、生理学等自然科学对人的研究，便是以此作为研究的基本前提和对象。因此，便有对人的生物主义的认识与理解，出现了生物人类学和体质人类学。人作为一种有生命的自然生物，与动物的自然存在具有诸多共性，人的自然生成也遵循着动物的遗传规律，但是人的自然存在和自然生成也与动物有着较大的差异，甚至是决定人与动物不同命运的本质差异。这就是人作为自然之一种，他的自然的非完成性和非自足性。这种特性是我们理解人与动物的自然差异以及决定

① 鲁洁．实然与应然两重性：教育学的一种人性假设[J]. 华东师范大学学报（教育科学版），1998（4）：1-8.

人与动物之不同特性的生物学前提。

动物一旦降生到自然世界，它就是一个完成了的存在、一个自足的和确定性的存在。它就能适应其生存的环境，能够延续其生命。但是人的自然生命却是未完成性的、非自足性的、非确定性的。在所有的自然物中，唯有人是弱者，天生的弱者。《吕氏春秋·恃君览》记载："凡人之性，爪牙不足以自守卫，肌肤不足以捍寒暑，筋骨不足以利避害，勇敢不足以却猛禁悍。"同动物相比，人是一种"被剥夺了的存在"，他的未完成性和非自足性，使他作为一个自然生物无法在自然世界中生存，但是作为自然生物的人却生存下来了，他的生命也在不断延续，甚至比动物生存得更好。自然界许多物种因为环境的恶化灭绝了，而人却在不断地改变环境，不断地得到发展，人这个"物种"也许永不会终结。其中的奥秘在于人的自然存在与动物的自然存在具有完全不同的特性，在于人在其自然特性的未完成性和非自足性基础上，发展起来一种"补偿"机制，只有人才具有这种"补偿"机制。这也许是造物主对人的一种恩赐。"虽然非特定化开始可能有消极的影响，但在漫长的发展过程中，它却意味着是一个非常宝贵的优点。"[①] 正是这种自然先予的非特定化，"强迫"人发展起其他能力来补偿。因此，人作为一种自然生物，才能像其他自然生物那样延续其自然生命，并且开拓着与其他自然生物完全不同的生命世界。

对人的自然存在的这种理解，并不意味着人只是自然生物特性与"补偿"特性的二元混合物，是"一半是天使，一半是禽兽"式的简单聚合。人作为一个整体的自然存在，其生物性在总体上也是属人的，不能把人划分为属人性和非人性两种属性，进而把人之非人性等同于动物的属性，或者仅仅从生物特性上来理解人的未完成性，进而认为人在属人性方面是一个完成了的、确定性的存在。

事实上，人作为一种自然存在，在总体上他都是未完成的、未确定的存在。对此，哲学人类学家兰德曼（Landmann）认为，只因为人是按完全不同的原理设计的，他才能够而且的确是必须缺乏特定化……必须把人理解为一个特殊的、自我包容的类型，在这个类型中，一切都由结构的法则同时使之协调。[②] 这就是说，人的天性中的未完成性和非自足性，是作为一个整体而表现出来的，人只有缺乏特定化，才符合他的"本性"。这是人作为自然存在与动物这种自然存在的

① 兰德曼．哲学人类学[M]．阎嘉，译．2版．贵阳：贵州人民出版社，2006．

② 兰德曼．哲学人类学[M]．阎嘉，译．2版．贵阳：贵州人民出版社，2006．

根本区别。因此，人之自然生长也较之动物的自然生长具有完全不同的路向和特点。明确这一点，是我们正确认识和把握人之存在特点的首要的基本前提。

长期以来，我们谈到人的自然存在，总是把人与动物的自然存在等量齐观，认为这是坚持了认识人、理解人的“唯物”基础。这种对人的自然存在和自然特性的片面的简单化认识，恰恰不是“唯物”的，而是“唯心”的。它使人之理性、情感、爱、实践、劳动等只有人才具有的特性失去了赖以存在的基础，使人的理性、精神等建立在动物式的自然性上，而不是建立在人之自然性上，因而也就难以科学地说明人是一种什么样的存在。

2. 人的文化存在与文化生成

人的文化的存在离不开自然环境，人的文化的存在对于人而言具有至关重要的意义。人的存在与动物的存在，二者的本质区别在于人具备文化存在的特征。人的存在的“动物性”特征是不确定和不完整的，正是基于这种不确定性和不完整性，人才形成并发展了“文化性”，从而创造了动物所无法企及的文化世界。因此，人获得了文化固有的特质，并在自然生命之上获得了文化生命的双重存在。可以说，人在本质上是一种“文化生物”。

人同时具有实体和非实体两个方面的存在。人的身体是实体存在的外在表现，而文化则是非实体存在的内在表现。个人可以通过直接感受来确认其他人的实际存在，因而每个人在实体存在方面都具有相似性，但是每个实体存在的个人，其内心又会形成独特的文化心理，如独特的愿景、期望和追求等。因此，世界上才会存在各具特色的人类生命体，文化特征成为人与人之间最主要的差异表现。人是文化的一部分，既是文化的创造者又是受益者。

人通过创造和享受文化而不断发展壮大，并且这一过程也成为人生存和进步的动力。每个人在出生时，都会进入一个已经存在的文化世界，这是无法避免或选择的。人不可避免地会受到文化的影响，并必须在已经存在的文化世界中生存和成长，因此得以形成独特的文化特征，成为具有文化特质的人。正是基于此，人才具备了创造文化的能力。由于人的存在受到文化影响，并且文化对人具有优先选择性，因此人不必重新经历创造文化的过程，就能够获得已经积累的全部经验和创造性财富。美国心理学家斯金纳（Skinner）认为，人作为社会的动物拥有一种优越性，这就是不需要自己去发现全部的实践活动。[①] 由于动物缺乏文化，它们只能依靠遗传特征指导它们的行为，从而无法创造出新的行为方式或文化。

① 斯金纳．超越自由与尊严[M]．王映桥，栗爱平，译．贵阳：贵州人民出版社，1988．

因此，每个动物个体只能重复和延续其祖先的行为模式和生存策略，然而人不仅生而具有我们自己作为个体的赠物，而且也同时进入文化的“外部机构”中，这种文化的“外部机构”是我们的前辈积累起来并传给我们的。[①]随着时间的推移，人的文化经历了迭代和演化，每一代人都为文化的形成和塑造作出了应有贡献，因此人和文化都得到了不断的演化和发展。人既然是文化的存在，那么从本质上来看，人和文化又具有密切的联系。人今天所经历的文化是历史文化传统变迁的产物。“传统”不是完全限定于某个固定时间段，也不是完全陈腐老旧、过时而被遗忘的事物。“传统”对人的影响不会因时间的推移而消减。正如德国哲学家黑格尔（Hegel）所说：“文化传统不像自然的过程那样，在它的形态和形式的无限变化与活动里，仍然永远保持着原始的规律，没有进步。这种传统并不是一尊不动的石像，而是生命洋溢的，犹如一道洪流，离开它的源头越远，它就膨胀得越大。”[②]可见，文化传统是一种具有生命力的存在，它不仅延续着过去的文化遗产，而且也融入了现代的文化要素，并向着未来的文化“生命力”持续不断地演化。文化传统不会因为个体自然生命的结束或时间的流逝而消亡，反而是在数千年来的文化孕育中充满了无限的生命力。因此，一个人出生在传统的世界中，就会被传统所塑造，不知不觉地被传统的观念所影响。如果一个人试图摆脱传统的束缚，那么其很可能会被传统所抛弃。历史的发展表明，那些试图挑战传统的人，要么最终被传统所击败，要么是自诩反对传统却不自知已经融入其中。

“传统”之所以深具影响力，人类难以摆脱其束缚，是因为传统是不断涌现的、开放性强的和永续流动的。随着时间的流逝，“传统”也在主动挥去不适应时代需求的“构件”，并通过不断吸纳新的成分实现自我更新。“传统”的自我更新通常是渐进式的，而且在一段有限的历史时期内，我们很难意识到这种变化。因此，传统通常呈现出某种惰性。“虽然传统是保守的原则，但它是可改变的，因为它本身一旦被创造出来，其丰富性和变化性就易受新的创造的影响。”[③]“传统”在人的生命中扮演着重要的角色，其塑造了人的思想和行为方式，人无法脱离“传统”而存在，然而“传统”的意义也只局限于人类个体。因此，“传统”也无法脱离人而单独存在，人类承载和推动着“传统”的发展。人赋予“传统”以“生命力”和延续性的“超有机体”，人的实践活动也是“传统”繁荣发展的

① 兰德曼．哲学人类学[M]．阎嘉，译．2版．贵阳：贵州人民出版社，2006．
② 黑格尔．哲学史讲演录[M]．贺麟，王太庆，译．北京：商务印书馆，1978．
③ 兰德曼．哲学人类学[M]．阎嘉，译．2版．贵阳：贵州人民出版社，2006．

源泉。人创造文化和传统并使之绵延不断的关键是人进行的实践活动，而“传统”则通过人这一“载体”得以传承下去。“传统”的生命和活力来自人的实践和创造。因此，我们可以说人与传统是相互依存的，“传统”是由人来维系的，而人也因传统而存在。

人是传统的存在，并不意味着人本身就拥有命中注定的特质，或只是在遵循传统的“宿命式”安排；相反，将人看作传统的存在实际上说明了人作为一种开放、实践、生成的存在。由于传统既源于过去，又具有无限的发展潜力，因此它本身就会呈现出面向未知的、持续发展的特征。如果人仅从固化的或历史的角度去理解传统，那么也就无法彻底把握传统的内在本质。这是因为，用一种停滞不前、僵化的视角看待传统，传统实际上已经先于人类消失了。因此，人所能认识的传统，实际上早就存在于人身边，当人站在历史的角度去思考传统，传统也就从过去延伸至未来。因此，人作为传统的存在，本质上是处于一种正在进行时的状态，是在不断成长和发展的。

3. 人的实践存在与实践生成

人的自然存在和文化存在是人的自然特性和文化特性的本体论基础，它构成了人的一种完整的存在形态。人的非确定性、未完成性和非自足性成为人的本质特性的表现形式，人是“依然未确定的动物”。人的非确定性、未完成性，激发人塑造自己，实现自己的理想，依靠自己的创造性去努力地完成自己。因此，人总是处于非确定性、未完成性和追求确定性和完成性的过程之中，处于实然和应然的矛盾和转化过程中。人从本性上讲，不是一种“实体本体论”的存在，而是一种涌动着超越精神和生成意识的“应在”，是一种追求“是其所不是”的存在。因此，人的非确定性、未完成性不仅是一种原因，更是一种结果。人为何成为这样一种充满着矛盾的存在？为何具有非确定性、未完成性而又追求确定性和完成性，最终却仍然处于非确定性和未完成性之中？最根本的原因在于人的实践特性，在于人是一种实践的存在。“实践”是理解人之奥秘的“钥匙”。恰如尼采（Nietzsche）所言，只有作为我们的存在，而不仅仅是作为已被认识的存在，并且在存在本身生动的实践中，我们才能最终理解存在。哲学家卡西尔（Cassier）也认为，人的本质或本性的认识不能是一种实体性的定义，而只能是一种功能性的定义。

实践是马克思主义哲学的灵魂，马克思主义哲学是实践唯物主义。但长期以来，马克思主义的实践观受到歪曲，实践仅被规定为与理论相对的范畴，人们仅仅从认识论角度来阐发实践、认识实践。或认为实践为实验和工业生产，是人的社会性活动；或认为实践是理性的狡黠，是人的认识、理解活动。在实用主义思想指导下，实践被降格为人的技术和操作行为。这种认识论的实践观限制并且歪曲了实践对于人的真正意义，从而也就不可能认识人存在之本质。我们应该从本体论角度理解实践，确立实践的观点是认识人之存在的首要的、基本的观点。本体论上的实践是指实践是人的存在方式，是人固有的特性，是人性的集中体现，是人的创造性活动，它规定着人的本质和人的发展前景。马克思在《1844 年经济学哲学手稿》中深刻地阐明了人的实践本质，指出人的类特性是自由自觉的活动，亦即能动的实践活动。他认为，生产生活就是类生活。这是创造生命的生活。生命活动的性质包含着一个物种的全部特性、它的类特性，而自由自觉的活动恰恰就是人的类特性。① 在《德意志意识形态》中，马克思写道："可以根据意识、宗教或随便别的什么来区别人和动物。当人们开始生产他们所必需的生活资料的时候（这一步是由他们的肉体组织所决定的），他们就开始把自己和动物区别开来。"② 这就是说生产实践不仅使人与动物区别开来，是人超越动物界的原因，也是人之本质形成的原因。人在实践过程中获得自身的本质，形成自己的特性。不仅如此，实践本身就是人的特性，自由自觉的活动是人作为"类存在物"的"类特性"。这就是说，从本质上来看，人是实践的存在，人是在实践中自我创造的，而不是先赋的不可变更的存在。人的本质既非神灵给予的也非自然前定，而且也不是一经确定便永不改变的，这一切都要看人怎样去创造，怎样去实现，即取决于人自己的选择"生活动"。③

人作为实践的存在，不仅创造了一个外部的物质世界，而且建构了一个主体内在的精神世界。外部物质世界的创造是人的实践本性外投的必然结果，其核心表现就是创造人赖以生存、发展的物质条件，它涉及的是人与自然之间最直接、最普遍的联系。它在一定程度上体现了人的主体性和创造性，但是这种外投于外部世界的物质生产实践活动，却并不一定全是主体性的、创造性的。那种为生计所迫，为自然条件所困而被迫从事的生产实践活动，是与人的主体性、能动性和创造性相违背的，在本质上是反人性的。正如马克思批判资本主义异化劳动所指出的那样，"劳动作为一种异己的东西不依赖于他而在他之外存在着，并成为与

① 马克思 .1844 年经济学哲学手稿 [M]. 中共中央马克思恩格斯列宁斯大林著作编译局，编译 . 北京：人民出版社，2018.

② 马克思，恩格斯 . 德意志意识形态 [M]. 中共中央马克思恩格斯列宁斯大林著作编译局，编译 . 北京：人民出版社，2018.

③ 高清海 . 高清海哲学文存 [M]. 长春：吉林人民出版社，1997.

他相对立的独立力量”。[①] 因而，劳动并没有成为劳动者生活和发展的第一需要，成为人的根本本性，而是成为为人所憎恶的活动，成了“外在的东西，也就是说，不属于他的本质的东西；因此，他在自己的劳动中不是肯定自己，不是感到幸福，而是感到不幸，不是自由地发挥自己的体力和智力，而是使自己的肉体受折磨、精神遭摧残”[②]。这就是说，纯粹感性的实践，仅仅具有使人成为主体的可能性，仅仅在有限的方面成为人的本质力量的确证和表现。

然而，人之致力于建构自我精神世界的实践活动，则超越了感性实践活动，成为人的主体性活动和真正表现人之本性的实践活动。建构自我的精神世界，不断超越自我、完善自我，是人自己给自己提出的目的，而不是在外在强制下提出的目的。这种实践活动，才是自由的活动，创造性活动，才是属于主体的。同时，也是人之活动与动物之生命和生存“活动”的分野。马克思认为，动物只是在直接的肉体需要的支配下生产，人则甚至摆脱肉体的需要进行生产，并且只有在他摆脱了这种需要时才真正进行生产。[③] 这种“真正的生产”之目的，主要不是去满足肉体的需要，而是要满足建构自我、完善自身、发展自身之精神需要。这种实践活动，才是主体自由自觉的创造性活动，是自己全部本质的活动。人作为实践存在的本义就体现在这里。

人之能动的实践，致力于自我建构、自我发展的实践，不是外在的客观世界，而是主观的精神自我，是人之无限丰富的内心世界。不是为了改造客观世界，而是为了改造主观世界。或者更确切地说，是为了在改造客观世界的过程中，实现人的主观世界的改造。客观世界的改造，只是人的全部实践活动中的一个中间环节，它远不是终点。人之所以要改造客观世界，是为了使客观世界发生有利于人的变化，使外在的客观世界成为“属人的世界”，成为人发展的条件。通过环境改造达到人的自我改变、自我实现和自我解放，是实践的最本质的内容。整个所谓世界历史不外是人通过人的实践而诞生的过程。[④] 因此，与其说人的实践本性是“外投”的，毋宁说它是“内返”的；与其说人的实践目的是“外向”的，毋

① 马克思 .1844 年经济学哲学手稿 [M]. 中共中央马克思恩格斯列宁斯大林著作编译局，编译 . 北京：人民出版社，2018.

② 马克思，恩格斯 . 马克思恩格斯全集：第 42 卷 [M]. 中共中央马克思恩格斯列宁斯大林著作编译局，编译 . 北京：人民出版社，2016.

③ 马克思 .1844 年经济学哲学手稿 [M]. 中共中央马克思恩格斯列宁斯大林著作编译局，编译 . 北京：人民出版社，2018.

④ 陈筠泉，刘奔 . 哲学与文化 [M]. 北京：中国社会科学出版社，1996.

宁说它是“内向”的，是指向人自身的。实践关系就是以人为目的，以自然为实现目的的手段的关系。[①] 也就是马克思所说的“为我而存在”的关系。

人作为实践的存在，作为建构自我的存在，其实表明了人是一种超越性存在，或者说人的实践本性决定了人的超越本性。实践就其本质而言是超越的，它是人自身对他所处环境的超越。不仅如此，它还是人自身对自己的超越。实践之所以在本质上是超越的，在马克思主义看来，是因为实践是人通过对环境和他自身的改造和创造来达到与环境和他自身统一的活动。人改造环境和创造他自身的过程，其实质是一种自我否定和超越的过程。人对外部世界的否定，是使外部自然世界成为“为我的世界”，使之取得人的形式，这种否定超越了外部世界对人的强制，是对人的一种肯定；人对内心精神世界的否定，是使“自我”服从于人的应然追求，使人的精神世界得到扬弃和升华。这种否定超越了人原有的发展状态，是对人的更高形式的肯定。人就是在不断地否定自我又肯定自我的过程中生成。人的生成和发展永无终点，人的自我否定与超越也就在实践中不断深化。人在实现此存在的过程中是没有终点的。因此人在迅速地超越此存在后，又为自己营造了一个空间，在这里他以其存在的一般构造与第二个世界——精神世界进行交流。尽管人也是作为精神存在与他的存在现实性相关联，但在他向上飞升时，他达到了这样一种境界：在一瞬间他脱离了单纯的现实性，然后作为存在而返回到现实性之中，在精神的理解和创造中他已成为存在本身。[②]

由此，我们可以说人在本质上是实践的存在，实践性是人的本质特性，人实际上是在不断实践、不断超越的过程中生成的，而且人永远处于无限的生成过程中。人的自然存在与文化存在，是人之“静观”，而人的实践存在，则是人之“动观”，是人之文化生命“观”。“动观”和“静观”之结合，才是完整而丰富的人“观”，以这种完整而丰富的人“观”观之，人即一种生成的存在。

（二）教育是一种实践活动

实践活动是一个哲学概念，哲学家康德（Kant）和黑格尔都对实践活动的本质和特性进行过探讨，德国哲学家费尔巴哈（Feuerbach）的人本学更是以“实践活动”作为贯穿其哲学思想的主线，但是只有马克思主义哲学对“实践活动”进行了科学的考察和规定，并把实践的观点作为首要的基本的观点。我国哲学家研究表明：马克思主义哲学的本质是实践唯物主义，实践唯物主义是马克思主义

① 郇正．当代人与文化：人类自我意识与文化批判[M]．长春：吉林教育出版社，1998.

② 雅思贝尔斯．什么是教育[M]．陈巍，克拉茨，译．上海：上海人民出版社，2022.

哲学、共产主义世界观的准确表述。实践，只有实践，才是马克思主义哲学以及全部马克思主义理论永不僵化、永葆青春的生命所在。

1. 实践活动的基本特点

一般的实践活动具有如下基本特点。

第一，实践活动是主体能动的活动。即实践活动体现了人的主体性和能动性。实践活动的主体性，首先是指人是实践活动的主体，是实践活动的发出者和控制者，它是主体在自身需要（包括生存需要和发展需要）以及建立在主体需要基础上的目的的推动下自由作出的活动，主体自己能对活动进行调节。这就使人的实践活动与动物的本能活动或刺激—反应式的活动区别开来；也使之与人的无意识动作和冲动性行为以及生理机能的反应（活动）区别开来，还使之与人被迫的无自由意志的活动区别开来。其次，主体不仅是活动的发出者、控制者，还是活动的享用者，即主体要占有或享用活动过程和结果，是真正属于主体自觉自由的活动。异化活动（如马克思所说的“异化劳动”）并不是主体性活动。实践活动的能动性，是指活动主体在受社会历史条件、文化传统、自我经验制约的情况下的创造性和超越性活动，它具有自觉性、自由性和自创性。即主体力图摆脱客观世界和主观世界的强制或局限，从而达到超越客观世界和主观世界的活动。

第二，实践活动是主客体双向对象化的活动。即实践活动包含了两个相互联系而同时进行着的活动过程。一是主体作用于客体的过程。它是主体对客体的改造和加工过程，使客体取得“属人”性，即“人化自然”或文化世界的产生过程。二是客体作用于主体的过程。它是指客体并不只是一种被动的单纯承受主体作用的“客体”，在实践过程中，客体能够能动地反作用于主体，并且不可避免地渗入“主体”之中，即人们所说的“客体主体化”过程。由此，我们可以看出实践活动是一种“主体客体化”和“客体主体化”同时同步进行的完整过程，也就是马克思所说的“环境的改变和人的活动或自我改变的一致”的过程。

第三，实践活动的最终指向是主体人的自我发展、自我实现和自我超越。实践活动在本质上是个体主体的活动，个体主体的活动的直观方式是主体作用于客体，直接结果是客体的对象世界发生改变，即马克思所说的“环境的改变”，亦即文化世界或意义世界的产生，但主体实践活动的目的远未达到，人创造一个文化世界并不只是为了一个文化世界的出现，人还要占有和享用这个文化世界，从而实现自我发展、自我超越，即人改造客观世界是为了改造主观世界。或者说，人是通过改造客观世界来达到改造主观世界即发展自身的目的。如果人只是为了改造客观世界而创造一个文化世界，或者只是在改造客观世界过程中得到相应的发展，这无疑是与人的实践本性相违背的，也不可能充分利用资源获得最大的发展。这就是说，人在实践过程中有两次相互关联的发展。一是人在改造客观世界的过程中获得新的认识，新的能力，新的品质（统称为新素质的形成）；二是人利用自己创造出的文化世界的资源，再次进行精神建构，形成新的素质。实践不仅强调对客观世界（外部世界）的变革和改造，而且还强调对主观世界（人自身的内部世界）的变革和改造。变革和改造人自身的主观世界是人类实践的一种相对独立的类型。在笔者看来，这种相对独立的、以变革和改造人自身的主观世界为目的的实践类型，可能是人的全部实践活动的真义。亦即作为主体的人的形成，是全部实践过程的最终结果和目的。“实践的改造功能和它的革命的、批判的性质，不仅表现在对外部环境的改造，而且内在地包含着人作为主体的自我形成、自我改造、自我批判、自我超越和自我实现。如果说人类实践活动有某种终极目的，那么，这后一方面，即人作为主体的自我创造和自我实现就是实践的归宿和终极目的。环境的改造是服务于主体的自我实现的。”①

第四，实践活动以物质生产实践活动、人与人的交往活动、文化理解和陶冶活动三种类型为基本形式。哲学和心理学对人的实践或活动形式（类型）有不同的概括或划分，因而出现了各不相同、多种多样的实践类型。这里主要是根据主体人的关系范畴进行划分的。个体的人所面对的现实的“环境”或“关系”主要有三种，即自然世界、文化世界和人的世界，人也主要和自然、文化、人打交道，建立起人的现实关系体系。因而人的实践活动就主要表现为物质生产实践活动(最典型的是“劳动”)、人与人的交往活动、文化的理解和陶冶活动。人的这三种实践活动方式既包括了改造自然世界的物质性活动，也包括了改造或建构精神世界的精神性活动。当然，现实生活中人之丰富而复杂的实践活动，可能是多种实践活动方式交错而成的“网络性”活动，但从解释和分析的角度予以抽离，上述三种实践活动方式，可能是最基本的“单元”。

2. *教育实践活动的特性*

以上分析了一般实践活动的特性，那么，我们说教育是一种实践活动是什么意思呢？或者说，教育作为实践活动，相对于一般实践活动，它有什么共性和特性？

应该说，教育实践活动与一般实践活动是一种个性与共性的关系，共性寓于个性之中，教育实践活动在具有一般实践活动的所有共性的同时，又具有自己独特的品性。

---

① 陈筠泉，刘奔．哲学与文化[M]．北京：中国社会科学出版社，1996．

从共性角度来理解，教育实践活动首先是一种主体自我的活动，是一种主体性的活动。但在一个很关键的问题上，人们的认识仍是模糊的。这就是“谁是教育活动的主体”或“教育活动是谁的活动”。由于教育中“教育者”角色不可或缺，使得教育活动不像一般实践活动（如劳动）那样有一个不容争议的、形象清晰的“主体”。人们对教育活动主体的理解，常常被“教育者”这一角色缠绕。这是一个复杂的、令人困惑的问题，也是一个破除传统教育理论，建构新的教育理论，对教育理论进行反思和重思的“瓶颈”问题。

有学者提出了“教育是人之自我建构的实践活动”的命题，这是从实践唯物主义角度提出的一个极其深刻而科学的命题。这一命题的核心之处在于，教育作为主体人生成的过程，或者说作为促进主体生成的活动，是受教育者的生成过程，是促进受教育者自我建构、自我生成的活动，是受教育者自己的实践活动。教育的发展，是受教育者的发展，而不是施教者的发展。“教育是培养人的实践活动”这一说法不科学，它指的是教育是培养人的实践活动，是教育者的活动，而不是受教者的实践活动，这不是教育实践活动的真义。教育者在教育过程中尽管不可或缺，而且相当重要，但他只是文化的“承载者”，教育者在教育过程中的作用只是“激活”文化，从而便于受教育者更方便、更有效地占有文化，提高主体活动的效率，促进主体更快更好地生成和发展。而不是倒转过来，使教育活动成为教育者的实践活动，而把受教育者的主体活动排除在外，或降低到次要地位。还有所谓“双主体说”“互主体说”，都是关于传统教育理论的说法。

从实践的主体性和能动性角度看，教育实践活动不仅是受教育者的活动，而且是受教育者在自己具体的现实的发展需要和发展目的推动下自由作出的活动。受教育者是教育实践活动的发出者、控制者和活动过程与结果的占有者或享用者。受教育者受外部强制而作出的违背其主观意志和自由个性的活动，或受教育者不能占有和享用活动过程和结果的活动不能称其为教育实践活动。教育实践活动也是一个主客体双向对象化的活动，包括了主体客体化和客体主体化两个过程。主体就是学生个体，客体就是外在于他的文化和内在于他的文化已被他吸收、内化了的文化，表明了主体某一时期的发展水平。主体客体化就是学生个体作用于文化，促使文化产生变化；客体主体化就是文化为学生个体所吸收、内化、掌握，促使学生个体得到发展。教育实践活动的最终指向是客体主体化，即学生的自我发展、自我实现和自我超越，而不只是停留在主体客体化阶段。也就是说，主体客体化是客体主体化的必要前提和条件，是为客体主体化即学生个体的发展服务的，是从属于学生个体发展这一目的的。

教育实践活动除了具有一般实践活动的特性外，还有它自己独有的特性。这主要表现在以下两个方面。

第一，教育实践活动主要表现为人与人的交往活动和文化理解、陶冶活动，基本上不具有物质生产实践活动的特性。物质生产实践活动是人致力于改造自然界，获取物质财富的活动。虽然主体人在从事物质生产实践活动过程中也能得到一定发展，产生了某种功能性的教育效果，但从教育实践活动的规定性或特性来看，产生了功能性教育效果的活动，并不一定都是教育实践活动。这里有必要对教育范畴中的劳动课、手工课、实验课、生产实习、社会实践等与实物有关的学生实践活动的性质进行具体分析。这类活动虽然与实物有关，学生直接从事的是一种物质性活动，但这类活动在性质上不属于物质生产活动，而是属于一种文化理解活动。因为它并不以改造对象物来获取物质财富为目的，而是要通过一种感性直观的方式和实际动手方式来提高理解、内化文化的效率。如化学教师在课堂上讲“哑铃形”分子结构，如果学生没有见过哑铃，他就难以理解，而如果教师在课堂上展示一只哑铃，学生就易于理解这种分子结构的形态了。又如物理教师讲到光的“波粒二象性”，学生很难在方程式的推导证明中理解它，如果让学生亲自去做个实验，学生也便容易理解光确实具有“波粒二象性”了。这说明虽然这类物质性活动，特别是实际动手去从事的物质性活动对人的发展非常重要，但它仍属于文化理解活动范畴。教育实践活动主要是那些以变革和改造人自身的主观世界为目的的精神活动或文化、理解活动。这种文化交流、理解活动如果能同外部操作活动结合起来，或者说以外部操作活动为中介，便会提高理解、体验文化的效率。杜威（Dewey）提出“在做中学”，是因为他看到“做”能产生思维情境，或者说能激发学生的心智理解和体验活动能力，“给学生一些事情去做，不是给他们一些东西去学；而做事又是属于这样的性质，要求进行思维或者有意识地注意事物的联系，结果他们自然学到了东西”①。所以“做”与“学”只是手段与目的的关系，“做”这种活动仍然从属于“学”这种活动，是理解和体验活动的前设性活动。

第二，教育实践活动是在教育者指导下的自我精神建构活动。一般的实践活动虽然也可能要求有人指导，但它主要表现为个人独立进行的活动。而教育实践活动虽然在本质上是学生自主活动或主体性活动，但教育者的指导对学生自己的主体性活动非常重要。一般来说，它必须有教育者的指导。教育者的指导作用其

① 杜威．民主主义与教育[M]．陶志琼，译．北京：中国轻工业出版社，2014．

实就是创设环境和“激活”文化，无论教育者多么重要，其作用只能限定在此范围，不能超出这一范围。否则，就会改变教育实践活动的性质，造成对学生主体性活动的压制，使学生的活动失去主体性。杜威坚守“教育即生长”“教育即生活”的信念，在强调“儿童中心”的前提下，谨慎地看待与肯定教师的指导作用。他认为，成人和教师的作用在于控制学生成长的环境，教育不是直接进行的，而是通过环境间接进行的。这就是说，在教育实践活动中，教师的作用只是有意识地提供一种环境，创设一种环境。这种创设环境的过程，就其本质来说便是“激活”文化。环境中凝聚的文化、教科书所承载的文化，实体化的人身上负载的文化及其他媒体所“中介着”的文化，对于学生来说，可能是外在于他的“死”的文化。学生自己通过实践活动去“激活”它，往往要为学生身心能力水平和活动类型、方式的局限性所限制。因此，教师去创设环境和“激活”文化，对于学生接受文化、内化文化就有着重要作用与意义。

由此可见，人类的一切实践活动都是自己自由地做出的主体性活动，教育实践活动也概莫能外。教育实践活动往往需要一定的外在于活动主体的力量的激发与引导，最典型的情形就是学校教育中教师的作用，但教师角色的引入和教师在教育实践活动中的重要性，不应该干扰我们的视线，教育实践活动仍是学生自主的能动活动，是一种自我建构的活动。

（三）文化与人的双向建构

人所面对的世界是自然世界和文化世界有机构成的整体世界。人就在这个世界中，依据其特有的实践本性和实践能力不断生成、不断发展而永无终结。文化世界是人的实践本性外投于自然世界的产物，它一旦产生出来便成为一种独立于人的“第二自然”。在教育视域中，人所面对的主要是这种“第二自然”的文化世界。人的教育实践活动主要表现为各种类型的文化活动。由此，文化、教育、人便构成了一种多维的特定关系，通过细致研究这种多维关系，我们能够更加清晰地揭示教育的本质。

1. 人与文化的矛盾及教育在其中的作用

人类的成长过程可以表现为文化积淀的过程，也能反映出人与文化的矛盾关系。文化是由人类的实践活动所创造的，因此人类本身就代表着文化存在，人类既可以创造文化，也可以享受文化。可以说，人与文化是紧密相关的，二者存在一种肯定性的互动关系。然而，人和文化的关系只是短暂的联结，甚至可以将人和文化的关系视为否定性关系。人在否定文化的同时也在享受文化，这是一种超然存在的表现，而文化则在否定中获得发展。人类固有的实践本性和探索精神，总是突破既有文化的束缚，转而寻求更高层次的文化境界。

在总体性上，文化总是人不可企及的，却又召唤和激励着人的实践本性和创造激情。因为文化不是别的，在本质上，那个“终极”的文化就是人自己，是不断生成、发展中的自己，是自己理想和追求的化身。如果说人总是试图超越文化的话，毋宁说人总是在追求自己那个理想形象，在不断探求那个“类本质”。人与文化的矛盾在于个人的本性与社会的期望之间的矛盾。人类总是渴望追求完美，以求通过不断努力趋近于自己所期望的理想状态，而不是停留在当前的现实状态，这也是人类存在的本质。人类始终处于不满足实际状况和追求更理想状态的循环之中。德国哲学家海德格尔（Heidegger）说：“此在在生存论上就是它在其能在中尚不是的东西。只因为此之在通过领会及其筹划性质获得它的建构，只因为此之在就是它所成为的或所不成为的东西，所以它才能够有所领会地对自己说‘成为你所是的！’”①

只有人类才能将自己置于客体地位，并将自己视为观察的对象，这可以被视为文化创造的表现，而结果便是文化世界的产生与发展。人将自己视为观察对象，这意味着人将自身设想为两种状态的自我，一种是基于现实状态存在的真实自我，另一种则是理想状态下的自我。人类总是渴望达到理想状态下的自我，即在理想状态下通过自我审视和比较，激发富有创造力的激情和冲动，以超越基于现实状态存在的真实自我。弗洛伊德（Freud）所说的“超我”，尼采描述的“超人”，马克思所说的“自由自觉的类特性”，尽管对人性各有不同的把握，但无一不是说人有分化自己的特性，为自己设定理想自我、理想追求的特性。是什么促使人把自己分化？是什么造成了人与文化的矛盾？是什么把人置于永恒的矛盾中？在马克思看来，这一切都是因为人的实践特性，因为人是由实践生成的实践存在。马克思说：“人不仅像在意识中所发生的那样在精神上把自己划分为二，而且通过活动，在实际上把自己划分为二，并且在他所创造的世界中直观自身。”②人在他所改变的环境和人的活动中“直观自身”，一方面“是人对自身的本质力量的自我确证”，另一方面是追求“自由自觉的活动”。因此，我们可以说人与文化的矛盾实际上是一种“实践的矛盾”。实践的矛盾表面上是人与自然之间的矛盾，实

① 海德格尔．存在与时间[M]．陈嘉映，王庆节，译．北京：生活·读书·新知三联书店，1987.

② 马克思．1844年经济学哲学手稿[M]．中共中央马克思恩格斯列宁斯大林著作编译局，编译．北京：人民出版社，2018.

质上是人与自身的活动对象之间的自我矛盾。实践本身就是一个制造矛盾的过程，没有人在实践中的分裂，人就没有自我，也就不是主体，这些矛盾不是暂时的、表面的，而是永恒的、本质的。只要人在实践，就在不断地制造并解决自我和对象、自由和束缚、自主和依托种种自我矛盾。①

教育是由人主导的特殊的实践活动方式，人在接受教育过程中会直接面对人和文化的矛盾。因此，人和文化的矛盾本质上又是与人类自身发展相关的矛盾，而教育则能够调和或缓解人和文化之间形成的发展性矛盾关系。

首先，由于教育是对文化的传承，因此这一过程就会不可避免地引起人和文化的矛盾。虽然文化是由人类创造的，但是这并不意味着不同时代的人类都必须从零开始创造文化。否则，人类的文化就永远无法发展。事实上，在文化不断被创造和发展过程中，教育就承担着使文化实现“社会遗传”的功能，扮演着“文化传递者”的角色。正如英国动物遗传学家沃丁顿（Waddington）所指出的，人已经发展了一种社会遗传的或心理社会的进化机构……这样一种机构依靠教与学的方法而对知识进行社会遗传的传递。② 哲学人类学家兰德曼也指出，在人已经创造出文化之后，他必须通过教育保证使文化不会再次丢失，这无论如何不只是有助于社会发展的文化过程。这就是教育的人类学基础。③

教育传承着由前人创造的文化，并将已有的文化传承给下一代。而对于下一代个体而言，文化是一种独立的、异于自身的力量，而这种文化力量实际上就是“文化压力”的体现。作为下一代的个体，其会感受到一种潜在的“规范力量”的左右，它左右着自己的思想和行为，进而引起焦虑、痛苦、不安等精神上的反应，久而久之便会适应和超越文化，最终减轻“文化压力”。而在学校教育中，学生又会面临与同龄人的相处、师生互动、校园氛围、校规校纪及自我认知与文化认同之间的矛盾，特别是以知识为基础形态的文化会伴随着每个追求知识的学生。只要一个人处于追求知识的过程中，其就会在理解和接受知识的过程中感受到人和文化的矛盾。因此，人和文化的矛盾之所以会普遍存在，是因为文化是通过教育的传承作用得以发展的。

其次，教育创造文化的同时也会导致人和文化的矛盾产生。教育对文化的传承所造成的人和文化的矛盾属于外在矛盾，而教育对文化的创造所造成的人和文

① 郉正．当代人与文化：人类自我意识与文化批判[M]．长春：吉林教育出版社，1998．

② 商务印书馆编辑部．人道主义、人性论研究资料：第5辑[M]．北京：商务印书馆出版社，1965．

③ 兰德曼．哲学人类学[M]．阎嘉，译．2版．贵阳：贵州人民出版社，2006．

化的矛盾则属于内在矛盾。内在矛盾体现了人类个体与所处的文化环境之间的矛盾，以及理想状态下的自我与现实状态下的自我之间的矛盾。通过参与教育实践活动，人类能够获得新知识、发展道德品质、培养审美能力，从而全面提升个人素质，成为一个焕然新生的自我。也就是说，教育实践活动是塑造人类个体的重要途径。然而，仅通过教育实践活动并不能表现人的实践本性，只能表现为“有限发展”的存在。一个具备知识、品德、美感的人，必定需要将这些素质应用到实践中，将其发挥出来，并在自己的创造中加以验证，这是人的本性所在。人类的内在力量得到实体化，并且创造了一个全新的“第二自然”和一种进步的文化世界。当人创造出文化世界后，这个文化世界就成为一种独立的文化存在，与人本身形成了新的矛盾关系，促使人主动规划或构思一个全新的理想和目标，令人充满追求。因此，教育实践活动造成的人和文化的内在矛盾会促使人类去创造新的文化世界，同时又会不断将人置于人和文化的矛盾关系中，并且这种矛盾关系从未停止或结束。

2. 从教育与人的关系看文化在其中的地位

人并非生来就比动物高贵，但人类在天地之间又是最珍贵的存在。要想探求人“因何而贵”和“以何为贵”这一问题，就需要从教育和文化的关系中找出答案。18世纪法国思想家拉美特利（LaMettrie）说：“自然曾经创造了我们，使我们屈居于动物之下，以更加颂扬教育的一切奇迹。唯有教育才把我们提高到这个水平，并最终把我们置于动物之上。”[①] 根据马克思主义经典作家的观点，人类常规的实践活动，尤其是物质生产劳动，是人类与动物之间的“分水岭”，将人从动物界中区分开来。人类的进步，是特殊的实践活动——教育实践活动演变的结果，其主要涉及精神层面的进步，具体表现为自我主观精神世界的改造和提升。因此，人的教育实践活动在改造人类自我的过程中起着主导作用。

作为一种自然存在，人注定要接受教育，教育与人的关系紧密相连，二者难以分离。如果没有接受教育，那么人就不可能具备作为人的基本特征。在当今社会，有些人将接受教育与获得职业发展、获得社会认同等功利主义需求联系在一起，这反映了人类对人与教育关系的短视或狭隘认知。真正的教育或者说教育的本性，并不是实利的教育，而是一种精神和德性发展的教育，是促进人全面地、完整地占有人之为人的本质的教育。可见，教育和人的关系主要表现在文化层面，二者本质上构成一种发展关系。

① 兰德曼．哲学人类学[M]．阎嘉，译．2版．贵阳：贵州人民出版社，2006．

在教育和人的关系中，文化作为中介而存在。教育需要在传承、选择、创造和赋予人文化方面发挥作用，从而对人进行文化塑造，使人成为一种具有特定文化素养的存在。如果没有文化的支持，教育的价值和意义将会被削弱，甚至失去其存在的意义。从文化在教育与人的关系中的这种一般意义来看，我们显然是把文化作了一种静态的、表象的理解，而没有触及文化更为深层和本质的东西。从本质上看，文化既不是物化的结果，也不是精神对象化的结果，更不是已经完成的状态，而是一种不断进行的实践性活动。文化的最终目标只能是实现人类自主性和意识形态自由化。在这里，本书就康德对文化概念和其本质的理解作出阐述。康德说："在一个理性存在者里面，他能具有的达到任何他自己抉择的目的之能力的创造过程，因而也就是一个生存于自由之中的存在者之能力的创造过程，就称为文化。因此，唯有那能够作为最终目的（我们从人类方面把它赋予自然界）的东西才是文化。我们还要说，人的个体的世俗幸福，以及人作为主要的手段在无理性的外部自然界中建立秩序与和谐这一单纯的事实，都不称为文化。"① 康德对文化进行了区分，提出了"技术文化"和"教育文化"两种文化类型，同时也将文明和文化分开讨论。康德将外部的、技术层面的文化类型称为文明，而将无条件的道德自由、理性的自由选择以及人类的进化和发展这一过程称为文化，也就是教育文化。此外，康德认为教育文化是决定人的生命价值和道德进步的唯一条件，只有通过教育文化才能使人获得相应的人格、自由和尊严。综合来看，康德认为文化的实质在于推动人类精神与道德的进步和完善，这是人类实现自我发展必须经历的过程。

要深刻理解文化的本质，就不能把文化看作一种被动的静态存在，即仅由教育来选择、传承和灌输给人的，使人成为被现实文化规定的、静态的"文化人"。教育需要对人产生积极影响，促使人主动参与其中，同时我们也要规范和提升教育的水平和理念，这样教育才能成为一种能够帮助人自我建构、提升人格和实现自由个性的实践活动方式。通过不断的实践，人能够完成自我发展、自我实现和自我超越，最终达到自由和全面发展的状态。正因为如此，人们将许多美好的事物视为教育的象征，把人类未来的希望寄托在教育之上，从而使教育成为一项神圣的事业。

3. 从教育与文化的关系看人在其中的作用

文化是人类实践创造的产物，自诞生之始便具有了独特的发展规律，并独立

① 范进．康德文化哲学[M]. 北京：社会科学文献出版社，1996.

于人的主观意识而生存发展。文化在人类历史的演进中，以一种“社会遗传”的方式代代相传，具有社会历史性、“超有机体性”和不断“增殖”的特点。正是由于这些特点的存在，文化才能够区别于动物的生理遗传特点而传承。文化的传承是通过教育这一机制来实现的。教育通过选择和创造文化，促进了文化在社会中的传承。作为一种有目的的实践活动方式，教育需要按照其目标和相应的文化价值标准，对现有文化进行筛选和运用，以便保存和传承其中有价值的内容，同时舍弃那些没有意义或不必要的内容。教育对文化的发展具有至关重要的作用，教育对文化的主动选择，为文化的进步作出了积极贡献。

强制性地传承历史上所有的文化是不可行的，因为这不仅不符合教育要求，而且也不利于文化发展。文化内部蕴含的各种因素充满了矛盾和斗争，因此文化自身的运动要去除不必要的部分并积极创造新的因素，这样才能推动文化持续不断地发展。

盲目接受所有文化因素只会导致文化的停滞。因此，我们需要有所选择地接受并融合新的文化因素。在考察并研究了南太平洋当地居民的文化后，美国现代人类学家玛格丽特·米德（Margaret Mead）认为，造成南太平洋当地居民文化停滞的主要原因是子代盲目地模仿和接受父辈的文化，缺乏对文化进行创新和更新的能力。通过教育选择一种特定的文化，实际上也在对其他文化进行一种积极的审视和评估。高层次的文化批判是通过创造新的文化来替代旧有的文化。教育需要主动选择和审视现有文化，而不是随意选择或毫无目的地批判现有文化。教育的目的不在于选择或批判某种文化，而是要创造出新的文化。随着人类历史进程的推进和教育的发展，我们可以看到所有文化成果都与文化创造息息相关。因此，教育一直是创造文化的重要推动力量。一般来说，教育所创造的文化，包含了人类思考、学术理论和价值标准等方面的文化精髓。这些文化精髓通过物化的形式呈现出来，即人类物质文化成果。因此，教育对文化的选择和创造，是推动人类文明持续进步和发展的动力，它让人类的优秀文化传统得以延续和传承，并成为人类持续创造新文化的基础。

然而，教育并非传承文化的唯一机制或方式。历史文化典籍、文化遗址以及博物馆等，同样承担着保护和传承历史文化的任务，只不过这种文化传承是基于一种静态的传承媒介，其所传承的文化也是静态的。因此，如果不重新“唤醒”这种“静态”的文化，它就无法发挥相应的作用。如果传承文化的媒介受到破坏，如典籍遗失或是遗址遭到破坏等，那么就会造成文化的缺失和传承的中断。教育是传承文化的关键机制或方式，而人作为一种“活”的媒介，则在其中扮演着重要的角色。由于人类是以群居形式存在的整体，个体的生命终结并不会对文化传承造成太大影响。只要人类群体能够保持存在，文化就能够不断传承下去。因此，教育在传承文化方面展现了超越生命或超越有机体范畴的特性。

人类通过教育传承文化，而教育则基于人的文化心理结构，在传承文化的过程中发挥着理解、掌握和创造语言、文字的功能。通过具体的教育活动，人类可以将文化中的知识、价值观和信仰等内化到个人的文化心理结构中。一方面，通过教育实践活动，人的生理和心理结构与外在文化产生相互作用，从而促进了人类的生理和心理系统的协同进化。另一方面，人类运用已有的认识、感受、意志和价值观，对外在文化进行评估并创造新的解读方式，以此理解、容纳和认可外在文化。这样，外在文化就会融入人的文化心理结构中。在一定的社会和历史条件下，人类创造出了各种语言、符号和实物等文化形式，这些形式通过传承构成了丰富多彩的文化世界。由此可见，教育在传承文化的过程中起到了“内化”和“外化”的双重作用。

教育对文化的“内化”，是指人类通过教育实践活动将外在文化转化为主体文化，这个过程包括将物质、语言和文字等客观精神载体中所包含的文化信息吸收并转化为脑细胞的一部分。这既能激活文化的创造力，又能促进人类创造出新的文化。教育对文化的“外化”，则是指主体文化通过不断地表达和传递，逐渐演变为客体文化。人类文化心理能力发展的主要体现，是通过实际行动将所掌握的文化再次展现出来。正是由于这种持续的“内化—外化”交替循环，文化成为一种动态式的更新过程。社会文化通过这种循环得以保存至今。

通过对“文化、教育、人”之间的多维关系进行研究，我们可以得出一个基本结论：教育是一种独特的实践活动，它通过改造人的主观精神世界来实现自我发展，同时也是人类个体不断追求自我实现和自我超越的过程中不可或缺的一环。这个过程涉及文化和人的互动，也就是教育不仅是依据文化标准和资源进行实践，还通过不断设定文化目标，给予人类个体超越自我的能力，并推动个体自我发展教育和实践活动来实现，以此促进人类个体的自我塑造和成长，同时传承和创新文化，推动文化持续进步和发展。文化与人类之间存有一种恒久的张力。随着文化的持续创新与人类的不断成长，这种双向的建构是一个有机的、无止境的过程。

二、教育过程观：主体自我建构过程

下面，我们对教育中的一个较为微观的问题——教育过程进行一些理论分析与探讨，以建立一种新的教育过程观。笔者认为“教育过程”问题，牵涉众多的教育理论问题，与教育本质观、目的观、功能观等有着极为紧密的联系，是我们建构高等教育现代化不可回避的问题。现代高等教育的偏狭与缺失，在教育过程理论方面有两种典型的表现：一是遵循传统的教育过程观，认为教育过程在本质上只是一个认识过程，没有重视学生的主体地位，造成学生的主体性受到压抑；二是高等教育学疏于研究教育过程，似乎把它“交给”教育学去研究，高等教育理论的视野过于“宏观”，在某种意义上“游离”了“教育”问题，忽视了对“人”的研究。对于这两点，我们必须在高等教育现代化本质的观照下予以足够重视并进行理论上的反思与建构。

（一）教育过程中的主客体及其关系的再认识

1. 哲学中的主客体问题

主客体及其关系是一个非常复杂的哲学问题，在某种意义上，它延伸到整个哲学领域。这里，只是为了探讨与说明教育过程中的主客体及其关系，对其中的几个方面做简单的描述和说明。

主客体及其关系问题，是唯有人才必须面对或因为人而产生的问题，是一个认识论和实践论问题。动物是不会产生诸如此类的问题的。正如马克思所说：“凡是有某种关系存在的地方，这种关系都是为我而存在的；动物不对什么东西发生‘关系’，而且根本没有‘关系’；对于动物来说，它对他物的关系不是作为关系存在的。”[①] 我们所说的动物与他物的关系，是我们以人的眼光而赋予它的，它自身不会意识到关系，对它自身来说，它“根本没有‘关系’”。由此可见，“关系”是专属于人的，主体与客体也是“属人”的范畴，是在人的认识活动和实践活动中产生的。哲学中讲的主体和客体，所要揭示的主要是在认识和实践活动中人与其对象的关系。因此，“在属人的世界中，当然人就是主体，作为活动对象的事物则是客体”。[②] 人是主体，人的活动对象是客体，它们共同统一于“属人世界”中。因此，主客体的关系就是在人的认识和实践活动中所形成的关系。对这种概括性

① 马克思，恩格斯．马克思恩格斯选集：第 1 卷 [M]．中共中央马克思恩格斯列宁斯大林著作编译局，编译．北京：人民出版社，1972．

② 高清海．高清海哲学文存 [M]．长春：吉林人民出版社，1997．

的认识，有如下三方面的具体问题需要进一步明确。

第一，人是主体，但人在何种情况下才是主体？我们说“主体是人”时是可以不附带任何条件的，但我们在说“人是主体”时，是在一定条件下言说的。人是主体，是在一般意义上指明人是一种可能主体，这种可能主体要转变为现实主体、具体的主体，只有通过具体的、现实的认识和实践活动。主体作为一种关系范畴，它只有相对于现实的、具体的客体，同客体建立起具体的、现实的认识与实践关系时才有意义。宽泛地、抽象地说人是主体没有任何意义。虽然人是主体，但人只有在认识着、实践着，并且这种认识与实践是在自我意识的支配下的有目的的活动时才是主体。人在盲目的活动中不是主体；人若不能占有与享用自己的认识与实践成果，他也不是主体；人在此过程中是主体，但在彼过程中不一定是主体，主体一定是具体的、现实的主体。

第二，人的活动对象是客体，人能不能作为客体？更进一步，“我”能不能把“自我”作为客体？要回答这些问题，关键在于对“人的活动对象”有个正确的理解。有不少人从实体化的物质客体观出发，从“人道主义”立场出发，认为客体只能是物质客体，不能把人作为客体。在人的物质生产实践和认识客观自然的活动（如科学认识活动）中，人把自然物质世界作为实践和认识的对象，自然物质世界因而成为客体。但人作为人，不仅进行着物质生产实践活动，不仅需要认识客观物质世界，还进行着精神文化实践活动，还需要去认识自己创造的文化世界；更重要的是，人时时刻刻都在从事着改造自我、塑造自我、建构自我、发展自我的实践活动，进行着自我评价、自我认识等认识活动。这就是说，人不仅把自然物质世界作为自己认识和实践的对象，而且把自己的创造物、把自己作为自己认识和实践的对象。所以，对于人来说，人的活动对象的范围是无限宽广的，在可能性上，可以把所有的存在作为客体，作为活动的对象。因此，“客体是存在于主体以外，作为主体——人的活动的一切对象的东西……客体是包括人自身在内的人所生活的世界的总体”①，“作为实践和认识对象的世界、事物和人是客体”②。

从关系范畴来看，客体是被人纳入主客体关系之中的。这就是说，只有作为主体的对象才能成为客体，不是主体的对象便不能成为客体。人把什么作为自己的对象，作为客体，取决于人具体的、现实的实践和认识活动。不同的实践和认

① 高清海．高清海哲学文存[M]. 长春：吉林人民出版社，1997.

② 肖前，李淮春，杨耕．实践唯物主义研究[M]. 北京：中国人民大学出版社，1996.

识活动具有不同的客体，客体总是现实的、具体的。在此活动中为客体，在彼活动中不一定是客体。这就是说，并不是所有客观存在的一切事物都能成为客体，成为主体的活动对象。“客观的存在，只有进入主体活动的范围，才能实现主体对象化的活动，获得作为主体活动的对象的性质；否则，它可以是客观存在着的东西，却与主体无关，因而也不具有作为主体活动的对象的性质。”① 所以，一事物成为客体，不仅与该事物的性质相关，也同主体的性质相关。

第三，主客体关系，是以具体的、现实的实践活动为机制而建立起来的，抽象的、普遍的主体和客体是不存在的，永恒的、普遍的主客体关系也是不存在的。主体、客体、主客体关系，离开了具体的实践活动就失去了意义。在不同的实践活动中，主客体关系有着不同的表现，甚至主体和客体会发生逆转。例如，学习活动中的主体（学生）在教学活动中成了教师（主体）教学活动的对象（客体）。主体和客体是相互制约、相互转化的，在一定条件（关系）下的主体，在另一种条件（关系）下又可以是客体。作为主体的人，它往往“一身兼两任”：既是主体又是客体。② 这就是说，主客体及其相互关系不是绝对的，而是由不同的实践活动在不同的实践过程中表现出来的，实践作为主客体关系的机制使得实践主体和实践客体之间存在一个“双向对象化”过程，使得主客体关系更加丰富和复杂。“双向对象化”是指发生对象性关系的实践主体和实践客体双向的相互转化和相互创造的双重化过程，是客体的主体化和主体的客体化的能动而现实的有机统一。

2. 教育过程的基本要素再认识

教育是人之自我建构的实践活动，这种实践活动形成了一个过程，即教育过程。在教育过程中，什么是主体？什么是客体？主客体的关系是怎样的？为了弄清这些问题，我们必须对教育过程的基本要素有个正确的认识。

教育理论界针对教育过程涉及的要素提出了不同看法，其中最受认可的是“三要素论”。所谓“三要素论”，是指教育过程的三个要素，包括教育者、教育资料和受教育者。不过，一些教育理论界人士对“教育资料”的内涵和外延有着不同看法。尽管如此，“三要素论”仍然成为一种近乎确定的结论。因此，我们可对教育过程涉及的主客体及其相互关系作出如下解释：教育过程的主体即“教育者”，客体即“受教育者”，而“教育资料”则充当教育过程主客体的“中间角色”，教育过程涉及的主客体关系反映为教育者对受教育者产生的影响。从这一

① 高清海．高清海哲学文存[M]．长春：吉林人民出版社，1997.

② 肖前，李淮春，杨耕．实践唯物主义研究[M]．北京：中国人民大学出版社，1996.

点来看，教育属于有目的、有计划和有组织的培养活动，旨在提高受教育者的社会实践素养。这种对教育过程的主客体及其关系的认识一定程度上带来了理论上的混乱和不可克服的矛盾。

在这种认识框架下，许多教育理论工作者不断地对之进行“修复”“补漏”，以消除混乱、化解“矛盾”，但结果仍难自圆其说，并带来更大的理论混乱。这种混乱集中在“谁是教育过程的主体”上。将教育者看作教育过程的主体，教育者的教育过程本质上是教育者自身的实践过程，也是实现教育发展的过程。故有“教师主导，学生主体”的“主导—主体”说对之予以修正。可在主客体关系中容不下一个“主导”，或者说，“教师主导”在教育过程的主客体关系中地位不清，便有“教师是主体，学生也是主体”的“双主体”学说，但随之而来的是，教师与学生都是“主体”，那谁是客体？教育过程只有主体而无客体还能形成一个“过程”吗？再说，在一个具体的教育过程中，怎么会有两个主体？继而，又有人提出“互为主客体”说，即教师和学生既是主体又是客体。教师与学生互为主客体是两个过程的“叠加”，而不在同一个过程之中。问题最终仍没有得到解决。之所以出现理论的“混乱”现象和无法“化解”矛盾的现象，是因为教育者深受传统教育观念的影响，没有正确认识和理解教育过程涉及的基本要素，也就混淆了教育过程涉及的主客体及其关系。

实际上，教育过程共涉及两个基本要素，分别是“学生”和“教育资料”。这就说明，教育过程的主体应该是“学生”，而“教育资料”则充当教育过程的客体。从这一点来看，“学生”和“教育资料”之间的关系便是教育过程涉及的主客体关系，其是构成完整的教育过程的基本要素。这里需要对教育过程的客体——教育资料作一具体说明。

关于教育资料，陈桂生教授通过分析前人的理解与认识，归纳出五种观点：即事物（经验，泛指文化）；功课（即教材）；事物，即教育之材料（不限于“教材”）；教育影响；陶冶材。他在对这五种观点一一分析后，提出了对教育资料的认识，认为“教育资料属于文化的结晶”，并把教育资料上升到“衡量教育发展水平的测量器”的高度。文化是构成教育资料的基础，教育资料的生成本质上反映了人类创造的文化成果，但是教育者通过实施有目的、有计划和有组织的教育活动开始有选择性地筛选和应用符合受教育者身心发展水平的教育资料（即文化成果）。

陈桂生教授对教育资料的文化构成作了具体揭示，指出教育资料的构成大致可分为以下五种成分：

其一，作为教育工具的文化：指的是取之于符号文化的那种文化。（“教具”在历史的教育过程中不具有工具的定义。）

其二，作为教育材料的文化：凡属于文化中的“精神财富”部分，在教育中都具有材料的性质。其中信仰、世界观、价值观既可作为教育内容而具有材料的性质，又带有动力的性质。

其三，作为教育手段的文化：大抵取材于文化的“行为—作用体系”。如实验手段、现代化教育手段等。

其四，作为教育组织形式与活动方式形态的文化：亦取材于文化的“行为—作用体系”。这种文化又可以被称为有别于物质文化与精神文化的“制度文化”。这种文化之于教育的意义，正如劳动过程的社会结合之于物质生产劳动一样。

其五，作为教育活动场地、设备的文化：取材于物质文化。

这种对教育资料的文化理解和构成划分是合理的。

如果按人们通常对文化结构的理解，似乎也可以把教育资料划分为物质文化、制度文化、精神文化三种。其中的物质文化可理解为教育活动的场地、设备等；制度文化可理解为教育活动赖以进行的组织和活动关系的结合方式，如班级、学校、社会教育制度等；精神文化则主要表现为我们常说的教育内容，如价值观、知识等。教育资料中的精神文化处于核心地位。教育的发展和变革主要是教育资料中各种文化的发展与变革。我们所说的古代教育、近代教育、现代教育乃至现代化的教育，实质上都是从教育资料（文化）意义上区分的。而教育学的逻辑体系也应按教育资料（文化）的不同类型而展开。由此，我们可以看出，教育资料在教育以及教育学中的重要地位。

在将学生和教育资料作为教育过程的基本要素的同时，也要将学生和教育资料之间的双向作用关系看作教育过程的关系，由此推动学生的发展。具体来看，这种“超常规”的认识有着相应的理论依据和现实意义。

第一，教育作为人之自我建构的实践活动，是在主体有目的、有意识、自觉地同社会文化的相互作用中实现自我建构的。因此，主体与作为教育资料的社会文化的相互作用便形成一个具体的教育过程。很显然，在这个过程中，只有学生是主体。倘若不将学生作为教育过程的主体，而是仅从现象层面出发将教师作为教育过程的主体，其结果便是教师成为教育活动的实践主体，学生则充当教育活动的实践客体，教师的教育过程也便成为自我建构的过程，教师通过教育实践活动获得了自我的发展，学生则处于被动的地位。因此，这就违背了教育实践活动与人的实践发展的逻辑关系。总之，我们应将学生看作教育过程的主体，并将其视为教育实践活动的主要选择，通过教育实践活动推动学生的发展，而不是他人的发展，学生才能占有和享用到发展的成果。

第二，如果从哲学角度分析教育过程的主客体及其关系，那么教育过程的主客体是共同作用于教育过程的。也就是说，教育过程的主客体在教育实践活动的影响下产生相互联系。归根结底，学生作为教育过程的主体，在有目的、有计划和能动性的教育实践活动影响下，与教育资料（教育过程的客体）产生相互联系。但实际上，教育资料是来源于社会文化的，其是社会文化成果的组成部分。因此，学生对社会文化的认识、理解和把握，反映了学生对社会文化作用的过程。正如皮亚杰（Piaget）所说的，教育过程的主体通过对教育过程的客体的同化、顺应和平衡等，从而实现自我建构，推动自身的发展。教育过程的主客体关系相互转化的过程，可以看作简单而又完整的教育过程。结合传统的“三要素论”来看，教育过程的主体（即教师）通过教育资料（充当联系教育过程主客体的中介），与教育过程的客体（学生）产生联系。这种观点，因为是对一种表面现象的描述，与现实教育过程的表面现象十分“契合”，因而带有很强的迷惑性。从表面现象上来看，教育过程表现为教师借助于教材等把知识传授给学生，而对知识的认识、理解与接受等学生作用于知识的过程，因其“隐性”而为人们所忽略。因此，教育就成了“教书”或“教学”，成了知识的传授，教育过程就成了教师传授知识的过程。再加上学生的认知和体验知识、文化的能力有局限性，从总体上说学生离不开教师的指导与帮助，这使得教师在教育过程中的“位置”更为重要和突出，从而使“教育就是教师传授知识使学生得到发展”的观念似乎更具合理性而根深蒂固，但是这种从表面现象上所得到的认识，在理论上是混乱的，是不符合主客体之间的实践关系的。

首先，学生不能是知识被动接受者，也就是说，教师应采用合理的教学方式或方法，要求学生主动内化吸收已有的教育资料，只有学生主动理解和接受，才能实现自我发展。

其次，教师作用于文化的过程可能产生两个结果：教师本人的发展（如对教材的把握更准确等）和“文化”的变化（如转变为更能为学生所理解的方式），但学生的发展是不在这个过程之中的。学生的发展过程是学生作用于文化的过程。同样，它也产生两个结果，即文化的变化和学生的发展，然而传统的“三要素”论者对这两个不同的过程未作区分并叠加起来，而是混淆起来，进而造成理论上的混乱。

最后，历史上出现的关于教育及教育过程的理论认识为新的教育过程观提供了理论基础。卢梭（Rousseau）被世人称为“自然教育”论者，但他在对传统教育的彻底批判中，表达了关于教育和教育过程的科学认识和新构想。他虽然把“自然教育”（学生才能和器官的发展）作为教育的最终目的，强调教育要“遵循自然”，但他的核心主旨是强调把学生置于教育过程的中心，使教育过程成为自我教育过程。他认为：“应该使一个人的教育适应他这个人，而不是要去适应他本身以外的东西”，因为“他比任何人都更应该依靠他自身”①。杜威被人称为“儿童中心论”者，他认为儿童才是教育过程的主体，应围绕儿童组织和开展教育实践活动。此外，杜威认为“教育过程有两个方面：一个是心理学的，一个是社会学的。它们是并列的，哪一个也不能偏废；否则，不良后果将随之而来。这两者，心理学方面是基础。”②

20 世纪兴起的存在主义教育思想，尽管没有提出具体的教育理论内容，但是存在主义却提出了“存在先于本质”这一核心原理，进而引申出对教育的认识，这就为后人理解教育、认清教育过程的实质带来了巨大的启发。存在主义教育将学生看作教育过程的主体，认为“在教育过程中，学生处于选择而不是模仿和服从的地位”，“真正的教育，必须保证学生对于教师的创造和教育内容的主观选择”③。教育是为个人而存在的，人在本质上不是文化影响的产物，而是自己主动选择的结果，自由意味着选择和责任。因此，学生应该自己决定自己，不仅可以决定学什么，而且可以决定学多少、怎么学，他自己对自己的选择负责。存在主义教育思想的核心，是将教育作为个人的纯粹的事情，教育的目的就是使个人理解自我存在的意义，从而推动自我的存在和发展。存在主义者对教育的认识，有其特殊的哲学意蕴，认为学生要想成为教育过程的主体，必然要发挥自我的思想和行为的主体意识。

教育思想史上的这些例证是很丰富的，这里引述几例，只是说明学生是教育过程的主体，教育过程实质上是学生与作为教育资料的社会文化之间的相互作用过程。传统的教育过程观把教师作为教育过程的主体，表面上是重视了教师的地位与作用，实质上削弱了教师的地位与作用。学生作为教育过程的主体，恰恰是为了强化教师的地位与作用。

3. 教师在教育过程中的地位与作用

在将学生和教育资料作为教育过程的基本要素后，我们不得不考虑教师在教

① 卢梭．爱弥儿[M]．彭正梅，译．上海：上海人民出版社，2007.

② 杜威．我的教育信条[M]．彭正梅，译．上海：上海人民出版社，2011.

③ 陆有铨．现代西方教育哲学[M]．开封：河南教育出版社，1993.

育过程充当的“角色”和发挥的作用。其实，要想认清教师在教育过程中的地位和作用，关键是要理解教师在教育过程所处的位置。按照传统的教育理论，教师在教育过程是处在主导的位置，简单地认为将教师看作教育过程的主体就能凸显教师的重要性。这种观点，正如前面所分析的，在逻辑上是混乱的，在实际教育过程中产生了诸多弊端。因为“主体”一词完全是个“事实问题”，而不是个“价值问题”。教师是不是教育过程的主体以及他的地位与作用，应该根据事实分析才能得出。

教育是人类进行自我建构的实践活动，而教育中的人与文化的双向建构是相互影响的，有别于日常生活中文化对人的影响。此外，教育中的文化也是经过选择和加工后呈现的。因此，学生所接触的文化是经过教师选择和加工的文化。学生接触文化的过程也是文化的内化过程，文化的内化程度会受到学生所接触的文化的直接影响。教师对文化的选择和加工又会决定学生接受文化的方向和水平。文化人类学家强调文化对人形成的重要性，并关注文化在塑造人类的自然特征方面所起的作用。如怀特（White）认为：“每个人都降生于先于他而存在的文化环境中。当他一来到世界，文化就统治了他，随着他的成长，文化赋予他语言、习俗、信仰、工具等。总之，是文化向他提供作为人类一员的行为方式和内容。”①

在教育中，教师向学生呈现经过特定选择和加工后的文化，因此教师在教育中具有重要的地位和发挥着重要的作用，这一作用体现在向学生提供已选择和加工过的文化方面。杜威认为教育应该以儿童为中心，但他也高度重视环境对儿童成长的影响，认为“社会环境能通过个体的种种活动，塑造个人行为的、智力的和情感的倾向”②。杜威认为教育中的“成人”和学生的作用有着区别，“成人有意识地控制未成熟者所受教育的唯一方法，是控制他们的环境。他们在这个环境中行动，因而也在这个环境中思考和感觉。我们从来不是直接地进行教育，而是间接地通过环境进行教育。”③可见，杜威尤其注重环境因素对儿童的影响，因为儿童是在特定的环境中成长和发展的。杜威所指的“环境”并非指自然环境，而是指社会文化环境。他所提及的“成人”和“教师”对环境的控制，是指教师通过选择、加工和改造社会文化，来为学生创造一种文化环境。当然，教师所提供的文化环境是必须经学生自己再选择、再加工才能内化的。

由于学生的身心发展尚未成熟，因此其对文化的理解和实践存在一定局限性，

① 怀特．文化科学：人和文明的研究[M]．曹锦清，译．杭州：浙江人民出版社，1988.

② 杜威．民主主义与教育[M]．陶志琼，译．北京：中国轻工业出版社，2014.

③ 杜威．民主主义与教育[M]．陶志琼，译．北京：中国轻工业出版社，2014.

这会影响学生与文化之间的交流。此时，教师就需要发挥对文化选择、加工和改造的作用，通过“激活”文化，帮助学生更好地理解和接受文化，使所选择、加工和改造的文化与学生的文化领悟能力和实践活动能力相符，从而实现学生与文化的双向建构，达到更好的教学效果。在这种意义上，教师的作用是为教育实践活动创造外部条件。在学校教育中，教师在文化方面的作用体现在多个方面，如编制教材、组织和设计课程等。教师会对文化进行选择、加工和改造，以达到教育的目的。根据学生年龄和文化理解能力的不同，教师会选择和组合不同的文化内容，因此大、中、小学所采用的教材和开设的课程也各有不同。编写教材需要同时考虑知识之间的逻辑关系以及学生的理解能力和接受程度。教材的编排顺序并非根据该学科内部的逻辑顺序，也不是包罗该学科的全部知识点，而是以帮助学生逐步理解和接受知识为优先考虑。编写教材的教师实际上是在选择和加工文化内容。课堂教学本质上是教师启发学生接受文化的一种行为。通过讲解教材，教师其实是在向文化施加影响，然后再由学生逐步接受和理解文化。因此，教师对学生的影响是通过“文化”这一中介实现的。

可以说，教师在教育中扮演了至关重要的角色，这一角色的核心在于教师首先需要精挑细选和加工那些作为教育资料的社会文化，然后“激活”这些社会文化，最终向学生呈现或提供这些社会文化资源。这样一来，学生就可以通过自己的实践活动更好地理解和吸收这些社会文化资源。学生通过自己的实践活动，在对文化的再选择以及理解等过程中“内化”文化，实现与文化的双向建构。当然，在现实的教育活动中，特别是在广义的教育活动中，学生也常直接面对和作用于未经教师选择和加工的文化，这就构成一个完整的教育过程。教师在教育中发挥着至关重要的作用，这体现在教师必须选择、加工、“激活”学生需要面对和“内化”的文化，以此促进学生的成长。概而言之，教育过程需要教师的参与，因为教师能够帮助学生实现对文化的建构。如果没有教师的参与，教育过程将无法顺利进行。因此，这种对教育过程的“超常规”认识，并没有否认教师的地位与作用。相反，它更加强调教师在教育过程中的重要地位与作用。

（二）“交往”引入教育过程的意义与局限

如今，部分教育理论工作者会在教育研究中重点分析“交往”一词，并尝试使用“交往理论”研究教育过程的理论问题，进而得出了较为实质性的教育理论认识。整体来看，无论是教育学工作者还是心理学工作者，其对于“交往”的研究早已有之。杜威在其《民主主义与教育》中，对于“共同的社会生活”“共同活动”“沟通”等对于学生发展的分析，正是强调的人际交往的教育价值问题。苏联一些教育学家和心理学家也对“交往”的教育价值问题，进行过较为系统和深入的分析。交往同活动一样也是决定人的发展的基本因素。

20 世纪 70 年代，德国的“交往教学论”流派开始兴起，该流派强调师生之间的平等交往是学生“解放”的基础，并将学生“解放”作为教学的主要目标。所谓学生的“解放”，是指培养并发展学生的个性，推动学生实现自我，使学生具备独立的人格和自主能力。20 世纪 80 年代，苏联教育学界提出了“合作教育学”理论，这种理论的核心主旨在于强调师生平等交往对于学生发展的作用。此外，教育学或心理学中的“交往”，实际上是促进学生与他人之间交流的方式，是改善学生与他人之间的关系以及提高学生沟通能力的基础。因此，将“交往”视作师生之间平等的互动方式，凸显了“人道主义”原则在师生关系中的重要性。现代教育学者强调“交往”的重要性，这是建立在师生之间平等互动的基础上，现代教育学者尤其致力于推动和加深“交往”作为师生之间平等互动的方式。这项工作具有重要的现实意义，与现代化进程中人的生存状况和人的主体性有着直接的关联。

心理学和哲学都有涉及“交往”的概念，并且对“交往”概念的解释也有所区别。具体来说，心理学是从事实的角度研究“交往”这一概念的，旨在理解“交往”和“发展”的关系；哲学则从价值的角度研究“交往”这一概念，旨在阐明人与人之间本来就存在的人道关系。因此，在根据“交往理论”研究教育过程之前，应该着重将“事实研究”和“价值研究”结合起来。只有这样，才能建构新的教育过程观。

1．“交往”重新受到关注

“交往”在哲学界备受关注，如马克思、恩格斯就对“交往”的概念进行过描述。马克思、恩格斯所说的交往，范围是很广的。他们指出：“交往这个术语的含义很广，它包括个人、社会团体、许多国家的物质和精神交往。”[①] 因此，马克思、恩格斯不仅从人与人的关系角度来认识交往，强调交往的作用，而且也从文化和生产力发展的角度来审视交往的重要性。在这里，马克思、恩格斯认为，民族文化（表现为各民族的发明和文化创造）是通过文化交往而形成世界性文化的，文化的交往是形成各民族“共同的历史”的机制。

① 马克思，恩格斯．马克思恩格斯全集：第 3 卷 [M]. 中共中央马克思恩格斯列宁斯大林著作编译局，编译．北京：人民出版社，2016.

在现当代西方哲学中，人们对交往的研究与马克思和恩格斯所说的“交往”有所不同。这主要表现在胡塞尔（Husserl）和哈贝马斯（Habermas）对“交往”的研究中。胡塞尔和哈贝马斯从对现代化过程中“工具理性”的分析和批判入手，重点批判了科学理性僭越价值理性而使人的主体性迷失。此外，哈贝马斯提出用“交往理性”解决“现代性”的问题，将现代化推入正轨。胡塞尔和哈贝马斯对“交往”有着不同的理解，主要体现在意义和内涵两方面。

在胡塞尔看来，“交往”的理论依据是“交互主体论”，重点围绕“主体间性”和“生活世界”展开。胡塞尔认为“科学世界”和“生活世界”有着本质区别，由此得出人类现实生活的世界是存在“人格主义态度”交往的。这种交往具体表现为主体间的交往，而决定这种交往性质的就是“交互主体性”。所谓交互主体性，是指主体间的相互认识和形成的共识。具体来说，身处交往共同体的个人是以平等主体身份存在的，人与人间有着民主交往的关系，而非带有目的性或工具性的交往关系。交往的双方都有着共同的主体地位。胡塞尔将“交互主体性”与科学世界联系起来，认为生活世界的“交往主体性”决定了科学世界的“客观性”。“客观性”的存在是以主体间达成“共识”为前提的。因此，这种“客观性”实际上带有“主观性”。胡塞尔所认可的“交往”和“主体间性”，呼吁人类要回归于生活世界中。总之，胡塞尔是从认识论角度研究“交往”的，由此赋予了“交往”的“本体论”内涵。

哈贝马斯以其“交往行为理论”著称，并试图以此重建历史唯物主义，“交往”可以说是其宏大理论体系的基石。他认为现代性还没有完全展现出来，主张用“交往理性”来拯救现代性，由此，哈贝马斯提出了其著名的“两种理性论”，即“工具理性”和“交往理性”。哈贝马斯认为物质生产领域广泛存在“工具理性”，日常生活领域则广泛存在“交往理性”。他还认为，现代化存在的问题是由于“工具理性”超越了生活世界而引起的，即所谓“生活世界的殖民化”。可见，在哈贝马斯看来“工具理性”是压制“交往理性”而存在的。于是，哈贝马斯开始宣传“交往理性”，推动“交往理性”与“工具理性”的平衡发展。他认为重新恢复二者的平衡使理性得以正常发展，是现代化困境的解救之道，是实现现代化的必然途径。

哲学作为时代发展的产物，引领着时代的变革。哲学为人类解决时代性问题提供了指引，哲学也往往蕴含着时代性的问题。在现代化过程中人的主体性迷失和工具理性无限膨胀的情况下，人与人、人与自然以及人与自我的关系逐渐失衡。在此背景下，哲学家开始重新关注“交往”。例如，胡塞尔提出的“科学世界”“生活世界”和“交互主体论”，均有着较强的实践指向，旨在解决理性主体的人面临的现实问题。他把“生活世界”提高到本体论的高度来予以强调，对“主体间性”的张扬，是对现代人迷恋于科学理性而游离出“生活世界”状况的不满。

由于实证科学观对现代人的支配，导致现代人失去了对意义的追寻，因此胡塞尔才提出了“向生活世界回归”的主张，认为“意义”才是现象学存在的根本。哈贝马斯提出的“交往行为理论”主张实现“交往理性”，旨在重新建构现代性，使现代化从“工具理性”的框架中逃脱出来。哈贝马斯还认为技术与科学既是生产力也是意识形态，当技术与科学作为生产力而存在时就能统治自然，而当技术与科学作为意识形态而存在时就能统治人类。哈贝马斯对后者进行了批判，并提出通过发展“交往理性”来实现对人类思想意识的解放。从这一点可以看出，哈贝马斯提出的“交往行为理论”重在关注现代人的生存状况。另外，我国的部分哲学家也提出了“交往实践”的观点，该观点蕴含着“多极主体观”和“主体际性”等内容，旨在解决人类在现实发展中面临的“困境”。

总之，“交往”重新受到哲学家的关注，是基于深刻的现实基础和意义。哲学家在重新关注“交往”后赋予了其时代内涵，即“交往”中人的主体性和“交往”的人道原则。

2.“交往”引入教育过程的意义

教师和学生的关系问题是教育学领域研究的重要理论问题。在传统的教育学理论中，教师作为教育活动的主体，学生则是处于被动接受的地位；教师承担着“传授、指导、启迪”的责任，而学生则是积极参与的“学习者”；教师将“知识”作为一种启迪力量，以此激发学生的思考和学习，这便是“教育”的过程。因而，我们可以这样概括“教育”的含义：教育者有目的、有计划、有组织地对受教育者进行影响，达到教育者预期的目标。传统的“教育”含义在理论上存在着严重的混乱，并且在理论与实践之间存在着差异，最终导致了实践中的偏差。此外，现代教育普遍强调标准化和统一化，学生的个性和自主意识受到压制，导致学生丧失主体性。一些学者试图通过理论研究重新界定“师生关系”，明确教育过程中“师”和“生”的角色定位，于是，便出现了“学生主导理论”“师生互动说”等多种理论和观点，形成了广泛的“主体性教育理论”。这种“交往的教育过程观”，给人以新的启迪和感受。

“交往的教育过程观”主要是通过“交往”这一视角来看待教育过程的。以下是“交往的教育过程观”具有的重要意义。

第一，将学生视为有情感、有个性、有自我追求等“人性”特征的个体，强调在教育中应给予学生主体地位，并摒弃将其当作被动、消极、物化的“客体”看待的观念，这种观念的转变在教育领域带来了重要的变化。“交往的教育过程观”还驳斥了单一主体教育模式，这样就避免了教师的控制、灌输、强制以及学生的依附、被动，其结果是使学生更具有主动性和发展的主动权。因此，“交往的教育过程观”对于尊重学生的个性和培养学生的主体性具有重要意义。

第二，强调教师和学生的关系建立在共同的学习目标和合作基础上，实现了教师和学生之间的合作，使教育过程变成学生和教师共同分享知识、精神、智慧和意义的过程。教师与学生之间的互动是一种相互沟通、相互理解的过程。当师生心平气和地交流并互相倾听时，彼此的内心世界得到了了解和互动，同时也促进了双方的心灵成长和启迪。现在的教师不再只是单纯地承担着“传道、授业、解惑”的任务，其已经从代表社会和拥有真理的“神殿”中走下来，更加亲近学生的心灵世界。

第三，师生交往互动的过程，可以将学生的学习与其日常生活紧密结合，开拓学生的视野，进一步丰富教育的内涵。现代教育的主要形式是学校教育，而其中又以知识教育为主要教育类型。杜威提出的“教育即生活”观点和陶行知提出的“生活即教育”观点，都说明了教育与生活之间的紧密关联特征。“交往的教育过程观”既是从交往的角度来探究教育本质，也是为深化“交往”的教育内涵做铺垫，使教育真正渗透到日常生活中。“交往的教育过程观”认为教育应该超越课堂和学校的范畴，更广泛地延伸至多姿多彩的日常生活中，并将教育的重点从单一的书本知识教学转向更深层次的道德与人格教育，以生活为教育之本，将教育视作生命的组成部分。这意味着将学生的社交领域完全纳入教育范畴，并采用立体、综合的思维方式来看待教育问题，使教师从多个角度考虑学生的全面发展问题，从而建立一个更加全面有效的教育理念。

第四，彰显了教育的人性原则。人是教育的主角、中心和最终受益者。教育以人为核心，人既是教育的起点，也是教育的终点，追求人的自由与解放是教育最根本的目标和使命。以此角度来看，既然教育表现为人道主义事业，那么教育实践活动就应该秉承人道主义原则，然而现代教育的异化表现之一就是丧失了人道主义原则。“交往的教育过程观”是从现代哲学中引入“交往”的概念，将“交往”的核心价值（平等、对话、倾听、理解等）引申至教育领域，从而建构了一个充满人道主义精神、多方主体高度互动的关系模式，唤醒了教育者对教育本质的关注。“交往的教育过程观”强调交往过程中的教育作用，能够纠正现代教育中存在的片面理念与实践活动的失衡。

从上述四点意义可以看出，“交往的教育过程观”所体现的总体思想与教育的预期目标相符，也与现代人类文明的进步方向相一致。“交往的教育过程观”指出了现代教育中存在的问题，对审视并改进现代教育具有重要的启迪作用，然而由于“交往的教育过程观”将“交往”这一概念从社交领域引申至教育领域，难免存在相应的理论缺陷或局限性。

3.“交往”引入教育过程的局限性

“交往”更加强调信息传递和互动的过程，更能凸显教育所应具备的交流、互动、沟通等特征，然而教育旨在帮助学生进行自我建构，通过教育过程，学生成为自我实现和自我发展的主体。因此。在教育领域便存在一个基本的矛盾，即个人自我发展的矛盾，具体表现为理想自我与现实自我之间的矛盾。尽管外部因素（如文化因素和他人的影响因素）对个体的成长起着不可或缺的作用，但所有针对个体的外部因素只有纳入自我认知范畴才能真正发挥作用并促进个体的发展。也就是说，个体需要真正意识到这些外部因素对自己的影响，能利用这些影响来助力自我的成长。在教育过程中，尽管教师和多方环境因素的作用至关重要，但是从本质上来说，教育过程仍是学生亲身体验和实践成长的过程。“交往的教育过程观”虽然注重师生之间的互动和交流，认为教育是一种相互作用的过程，但是却忽略了教育的本质特征，即促进学生的实践和发展。根据心理学的研究成果，参与“交往活动”可以对个体（如学生）产生积极的发展影响，这意味着通过参与交往活动，学生可以获得发展的机会和资源。因此，交往可以被视为一种有益的手段，可以为个体的成长提供丰富的素材和途径，但是用“交往”这个词来描述教育过程，并不能凸显教育作为个体自我建构实践的本质。

“交往的教育过程观”中的“主—客—主”关系模式，仍然局限于传统的“培养说”框架，还没有真正转向“实践生成说”。不可否认的是，“交往的教育过程观”强调了学生是教育过程的主体，这是一种带有革新性的教育观念，然而“交往的教育过程观”还强调了教师在教育过程中的主导作用，这又难免体现出传统的“色彩”，最终只会像“双主体说”那样，面临着无法解决的矛盾。如果我们把教师视为教育过程中的主体，那么学生在教育过程中就不是真正意义上的主体，而只是在价值层面上扮演着“主体”的角色。因此，教师应该将学生视为“人”，并将学生看作“主体性”的存在。这里所提到的“主体性”，是基于价值层面而言的，而非单纯的事实判断。

与传统的“教师主动传播，学生被动接受”观点相比，“交往的教育过程观”认为学生是主动参与教育过程的。然而，“交往的教育过程观”却又带有明显的传统“色彩”，认为教育是教育者有目的、有计划、有组织地对受教育者进行影响，以达到教育者预期目标的过程。在教育过程中，尽管教育者的角色有所变化，但仍然居于主导地位，此外“交往的教育过程观”认为现今的教育者更加强调人道主义情怀，把学生视为“人”，而非简单地将其视为“物”，因此教育实践仍然是教师对受教育者进行塑造的过程，而非学生自我完善、创造和成长的过程。这就意味着，“交往的教育过程观”中的学生“主体性”是由教育者赋予的，并非真正的独立“主体”。

综合而言，将“交往”纳入教育过程并提出“交往的教育过程观”具有重要的理论意义，然而直接将“交往”这个概念应用于教育领域可能会引起理论上的混乱或带有明显的局限性。不可否认，“交往”确实具有某种教育价值或效应，通过运用涵盖丰富人道主义精神的“交往”，我们可以重新审视教育实践活动。尽管两者常被联系在一起，但“交往”和“教育”并不能等同视之，也就是说，教育所涵盖的范围并不仅限于交往，我们不能只是从“交往”的角度来观照教育、认识教育。教育有自身的特点和本质属性，教育过程有其独特的规定性。

（三）教育过程是主体自我实践、自我建构的过程

1. 用“实践”来观照教育过程

人的实践活动是由两种相互联系但又存在区别的“方式”构成的，包括用以改造客观世界的物质实践活动和用以改造主观世界的精神实践活动，其中，物质实践活动主要解决人类的生存性矛盾，精神实践活动主要解决人类的发展性矛盾。对于人来说，发展性矛盾是一种根本的、永恒的矛盾，因而，以改造主观世界为目的或旨归的精神实践活动，对于人具有更为重要的意义。

建立这种完整而科学的“实践”观，对于我们理解教育的本质及教育过程等诸多理论问题具有重要的作用。长期以来，人们不把教育作为一种特殊的实践活动来理解，或者把教育看作人（教育者）对人（受教育者）的改造，而不是主体人（受教育者）的自我改造和自我建构。因此，当人们提出主体性教育这一极富时代精神的理论观点时，便陷入不可避免的矛盾之中。有些学者试图把“交往”引入教育过程，以“交往”来观照教育过程，来认识或张扬“主体性教育理论”，或解决“主体性教育理论”的理论困惑，但由于“交往”不具备“实践”所具备的丰富内容，因而这种尝试基本上是“无功而返”，由此，我们必须在准确把握马克思主义“实践”内涵的基础上来理解教育过程，“主体性教育理论”才能获

得坚实的理论基础。

2. 教育过程是主体的自我建构、自我发展过程

以马克思主义的实践观点观之，教育过程是主体的自我建构、自我发展过程。

首先，教育属于人改造主观世界的实践活动。人的物质生活实践活动所面对的是客观物质世界，主体客体化的结果是作为人之“第二自然”的“文化世界”的产生。因此，人也必然要面对“文化世界”。“文化世界”的出现，使主体人所面对的“客体”丰富起来，因而人的实践方式随之也发生了根本性变化。即人不仅进行着物质实践活动，也进行着精神实践活动。在人的精神实践活动中，既有主体客体化过程，又有客体主体化过程，即主客体双向对象化过程。客体主体化，就是作为人之创造物的客观精神文化进入主体的主观精神世界，内化到主体的心智结构之中，引起主体心智结构的改建。亦即形成“一个已经对象化的人的本质力量再向主体回归、同化，并创造出新的‘精神无机身体’的过程”①。这个过程，就是人的发展过程。

其次，教育实践活动中存在着双重主客体关系，是外在实践和内在实践的统一。在人的物质实践活动或精神实践活动中，人是主体，外在的物质世界或文化世界是客体。人与外在的物质世界或文化世界的相互作用，产生了物质产品和精神产品，这就是人的外在实践活动。在教育实践活动中，不仅存在着人（主体）与外在的文化世界之间的主客体关系（如笔者在前面谈到过的学生与作为“教育资料”的文化之间的主客体关系），进行着外在实践活动。而且存在着“我”（主体）与内在客体之间的主客体关系，进行着内在实践活动。后一种主客体关系，是通过自我意识而产生的。也就是说，“我”作为主体，通过自我意识的作用，自觉地把自我作为客体，作为改造的对象。主体我与客体我之间形成主客体关系，主客体之间同样存在着双向对象化过程，即主我客我化，客我主我化，从而构成理想的我与现实的我之间的矛盾运动，即内在实践活动。最终表现为主体的心智结构和精神世界的发展。这个过程，便是主体在明确的目的支配下的自我建构过程。事实上，主体与内在客体之间的关系，对主体与外在客体之间的关系有着重要影响。它决定着主体以什么方式、在多大范围和程度上与外在客体之间发生关系。当然，主体与内在客体之间的关系，并不是在自我封闭和自我孤立的状态下进行的。如“理想的自我”的形成，并不是主体冥思苦想的产物，它与主体与外在客体（社会文化）的相互作用有着直接联系。现实的教育实践中，各个不同的

① 鲁洁．教育：人之自我建构的实践活动[J]．教育研究，1998（9）：13—18．

个体有不同的“理想”，这与他们所处的文化环境、受到的文化影响是密切相关的，所以，在教育过程中，教育者创设一定的文化环境，营造良好的文化氛围，对于主体（学生）的自我建构、自我发展是非常重要的。正是在这种意义上，教育过程是学生与外在社会文化的相互作用中的自我实践、自我建构、自我发展过程。为了促使学生完善其自我建构过程，教师主要应在选择、加工、改造社会文化方面发挥重要作用，而不是代替学生去实践、去建构学生的心智结构和精神世界。

教育实践作为一种主体性实践，其深刻的“主体性”内涵对于我们认识教育和教育过程有着重要意义。有些教育学者对教育的超越性总是持怀疑态度，究其根源，在于他们把教育实践活动做了一种“直观”的理解。认为教育实践与通常的人的物质性、生存性活动（即改变客体的活动）没有什么差异，没有真正把教育作为“实践”来理解，作为人之自我完善的创造性、发展性活动来理解。因此，他们看不到教育的终极目标，看不到教育的超越性，而只是从现实、从适应性来理解教育。同时，人们对于教育实践的主体性的理解，也是简单化的。主体性固然表现为主动性、创造性，是人在有目的地改变客体的实际过程中所表现出的诸种特性。但教育实践的主体性不同于“外在实践”的主体性，其深刻内涵在于，教学实践的目的不是在受外界迫使和诱惑的情形下作出的，而是在精神绝对自由的条件下作出的；不是为了改造外在客体，而是为了改造自我、提升自我、完善自我、超越自我；是主体自由自觉地为自己确立“理想的自我”的目标。由此，主体性才与自由、超越一样，成为人之最高范畴，成为自由个性的特性之一。从这种理论视野来观照教育过程，那么，教育过程就不是所谓的“上所施、下所效”的“师授生受”过程，也不只是知识、能力、技艺的获得过程，而是主体的自我建构、自我发展过程，是主体的道德精神境界向“彼岸世界”的腾飞过程。

第二章　高等教育现代化的发展目标与推进模式

目标既是开展活动的最初预设，也是活动追求的最终结果。高等教育现代化的目标是社会现代化目标的构成部分，高等教育现代化目标的实现意味着社会现代化水平的提升。各国高等教育现代化目标存在共性，但也存在区域、民族、文化等差异；具体到某一特定的国家，由于高等教育发展历史和发展状况的差异，各国高等教育现代化模式的选择就显现出针对性。本书第二章为高等教育现代化的发展目标与推进模式，主要介绍了两个方面的内容，依次是高等教育现代化的发展目标、高等教育现代化的推进模式。

第一节　高等教育现代化的发展目标

一、高等教育现代化发展目标的特征

（一）阶段性与前瞻性

阶段性表明高等教育现代化目标在设定上受经济社会发展水平及高等教育自身发展基础的制约；前瞻性表明高等教育现代化目标在设定上对未来经济社会发展趋势做出合理预期与判断，进而提出具有引领作用或适应经济社会发展的目标。

高等教育现代化目标的阶段性，主要包含两个层面：一是高等教育现代化目标的设定受经济社会发展水平的制约。高等教育作为经济社会的一种现实存在，必然也将受到其所在国家和地区经济社会发展水平的制约。具体到高等教育现代化目标的设定上，就必须结合所在国家和地区的经济社会发展水平，进行合理设定。国家和地区的户籍人口、常住人口、国内生产总值、人口出生率、文化传统等因素都会对高等教育现代化目标的设定形成某种有形或无形、直接或间接的影

响。如高等教育经费投入水平受国家和地区经济社会发展水平的影响非常大，而高等教育经费投入水平又将直接或间接影响到高等教育现代化其他有关目标的实现程度，如生师比、高等学校数量、高等教育毛入学率等。经济社会发展水平诸要素对高等教育现代化目标设定的制约性往往是多种要素共同作用的结果，如广东省高等教育毛入学率就受国内生产总值、人口出生率、户籍人口及常住人口多种要素制约，特别是后三种要素成为制约广东高等教育毛入学率的主要要素，以致广东省虽然作为全国经济大省，但是近年来广东省高等教育毛入学率一直低于全国平均水平。二是高等教育现代化目标的设定受高等教育自身发展基础的制约。高等教育现代化首先是自身现代性的发展，既然如此，高等教育现代化目标的设定就无法脱离自身发展基础。脱离自身发展基础而设定的高等教育现代化目标是不切实际的理想主义，最终将难以实现或者只能部分实现。

高等教育现代化目标的前瞻性，指在高等教育现代化目标的设定上应对未来经济社会发展趋势做出合理预期与判断，进而提出具有引领作用或适应经济社会发展的目标。对未来经济社会发展趋势做出合理预期与判断，在当今时代主要包括如下三个方面：一是未来科技发展带给高等教育的挑战。伴随着科学技术特别是信息技术的快速发展，使得高等教育不仅在职能履行上要在尽可能多的领域中运用信息技术或与信息技术融合，同时信息技术也对现在的大学校园构成严峻的挑战。大规模开放在线课程的兴起使得无校园大学、无疆界大学等不再是一种幻想。现在日益成熟或即将成熟的一些科学技术，如全息技术，又将给高等教育带来哪些可以预见或不可预见的挑战，作为以传统校园形式为主的大学又将如何应对，这也是高等教育现代化无法绕开的问题。二是未来经济社会人才需求对高等教育的挑战。人才培养是高等教育的首要职能，而高等教育从本质上讲是为未来经济社会发展培养人才的。因此，衡量高等教育人才培养质量的首要标准是要看其所培养的人才能否适应未来经济社会的发展需求。未来经济社会人才需求大致可以分为三大类：当下存在及未来一定时期内仍继续存在的职业人才需求；当下存在而未来一定时期内将明显减少或消亡的职业人才需求；当下还没有出现而未来可能产生的新的职业人才需求。挑战主要来自第二类和第三类。这就要求高等教育现代化目标在设定上要充分考虑人才培养的类型、学科专业领域等，并随之做出调整等。三是对未来经济社会高等教育需求的预判。高等教育由精英化走向大众化，再步入普及化阶段，都是对相应的经济社会高等教育需求的反映。

随着终身教育、学习型社会的来临，未来高等教育需求是怎样的，和现在又有什么不同？未来经济社会高等教育需求的变化将给高等学校招生、学制、课程设计、教学方式、师资队伍、高等教育投入、高等教育管理等带来哪些挑战，这些仍是高等教育现代化目标在设定上不得不考虑与研判的问题。

（二）系统性与整体性

系统性表明高等教育现代化目标应充分关注其他教育阶段，即关注高等教育所在的教育系统。整体性要求高等教育现代化目标在运行中并非彼此孤立，而是一个整体，部分目标的实现不代表高等教育现代化的实现。

高等教育现代化目标的系统性，意在强调高等教育现代化目标与其他教育阶段教育现代化目标的协调性，即高等教育现代化目标应着眼于整个教育体系，往前可延伸至学前教育阶段，当然与高中阶段的联系最为紧密；往后可延伸至终身教育。高等教育现代化目标的系统性，一方面可以避免将高等教育独立于整个教育体系之外，实践中有关高等教育现代化问题的探讨很多局限于高等教育自身，这样在无形之中将高等教育与其他教育阶段人为割裂；另一方面使得高等教育现代化目标在设定上更具科学性与合理性，在实践中更具有与其他教育阶段教育现代化目标的互动性。

高等教育现代化目标的整体性，指高等教育现代化目标是一个共同体，各目标之间有着非松散式的联系，因此高等教育现代化目标必须整体推进，如规模与质量、结构与布局、课程与教学、人才培养与科学研究、普及与公平等，都要给予整体性的关注。以规模与质量为例，在高等教育规模扩大的同时，如果高等教育质量保障体系没有健全和及时跟进，必然会引发社会对高等教育质量的不满，而这正是我国高等教育现代化面临的问题。高等教育现代化目标的整体性，要求我们在推进过程中要充分认识到各目标之间的关联性、一体性，甚至有的目标之间具有一定的制约性或牵制性，如人才培养质量既受到生师比的影响，也受到师资队伍、课程、教学等多方面因素的制约。

（三）本土性与国际化

本土性表明高等教育现代化目标应立足于所在国家或地区的经济社会发展。国际化表明高等教育现代化目标在坚持本土性的同时，还应立足于经济全球化和国际化的大背景，培育本土高等教育应对国际化所带来的挑战与机遇的能力。

高等教育现代化目标的本土性，强调高等教育对国家或地区经济社会发展的关注，这是高等教育现代化目标设定的首选立足点。这就要求高等教育现代化目标具有强烈的本土特色，不仅要能够满足本土对高等教育的各种需求，而且要能够从本土出发进行调整。脱离本土的高等教育将是无根之木、无源之水。

高等教育现代化目标的国际化，强调高等教育在当下及未来发展中将面临国际化带来的挑战与机遇，这是立足于本土的高等教育所不能忽略的。这就要求高等教育现代化目标必须具有国际意识，不仅要能够置身于国际化背景下进行设计，而且要能够培养本土高等教育参与国际化高等教育竞争的能力。

二、高等教育现代化发展目标的分层类构想

（一）高等教育现代化目标的分层类概念

高等教育现代化的实现必然是高等教育领域全方位现代化目标的达成。从高等教育现代化作为一个永续不断的进程角度而言，高等教育现代化目标的阶段性达成本身也可视为一种高等教育现代化目标的分层类，但是高等教育现代化目标的分层类主要着眼于当下与未来相当长的一段时期内而言。高等教育作为一个复杂的系统，必然涉及诸多要素现代化目标的共同达成，且彼此之间的目标在不同之中又有诸多联系，也就是说这些要素的现代化目标之间不是独立的，从更大的方面而言，它们共同决定着高等教育现代化目标实现的程度。

高等教育现代化目标的分层类与高等教育分类既有联系也有不同。高等教育分类框架中涉及的每一类都是高等教育现代化实践中的一个重要参与者和实践者，也都各有其相应的现代化目标，但是高等教育分类所呈现的现代化目标的分层类只是高等教育现代化目标分层类的一种表现。高等教育现代化目标的分层类有着更为丰富的内涵。

高等教育现代化目标的分层类意味着：第一，高等教育现代化目标是可以分解的，且这种分解是在特定高等教育现代化阶段进行的；第二，高等教育现代化目标被分解成的若干个目标之间不是孤立的，它们共同属于一个有机的体系；第三，高等教育现代化目标的实现是个有序推进的过程，这既体现着高等教育现代化建设本身所具有的规律性，也体现出高等教育现代化各个目标在实现过程中并非杂乱无章；第四，高等教育现代化目标是若干目标共同作用的结果，因此要注意区分目标之间的制约作用与促进作用。

（二）高等教育现代化分层类目标的框架构想

高等教育现代化分层类目标，可以从多种角度、多种方式进行划分，从国家层面到具体实施层面，从宏观层面到微观层面，从长期、中期到短期等，显然这

不是寥寥数语可以说清楚的。可见，高等教育现代化分层类目标是一个很复杂的系统性工程。因此，本书仅从国家或地区高等教育现代化发展战略角度对高等教育现代化分层类目标的框架提出构想思路，而具体落实到政府、有关教育行政部门、学校、教师、社会等的实施战略则不在构想范围内。

1．纵向框架

在纵向高等教育现代化分层类目标框架的构建上，主要从高等教育人才培养层次角度，并兼顾终身教育体系构建和学习型社会建设需要，将高等教育现代化分层类目标从低到高分为短期高等教育（非学历教育）、专科教育、本科教育、硕士教育、博士教育等教育现代化目标。

2．横向框架

在横向高等教育现代化分层类目标框架的构建上，主要考虑不同层次高等教育现代化目标的继续分解，进而转化为相关要素的现代化目标。由于在横向上高等教育现代化目标需要若干类别要素的现代化目标达成之后方可实现，而这些要素既有不同层次的高等教育现代化目标达成共同指向的，也有个别层次高等教育现代化目标达成所独有的。

首先，从高等教育的功能角度看，高等教育现代化目标在横向上可分为人才培养、科学研究、社会服务、文化传承的现代化，但对于短期高等教育而言，仍主要以人才培养的现代化为主，对于除了短期高等教育外其他层类的高等教育现代化而言，这四项功能的现代化都有不同的目标设定。鉴于高等教育功能的履行以人才培养为首，同时人才培养也是高等教育履行其他功能的基础和前提，因此，有必要对人才培养现代化的目标进行进一步分解。在此，可从人才培养所需要的一些关键要素着手进行构建，如师资队伍、课程体系、教学方式、评价制度、校园设施、质量保障体系等（表 2-1-1）。

表 2-1-1　高等教育现代化分层类目标（一）

<table>
<tr><th rowspan="3">纵向</th><th colspan="9">横向</th></tr>
<tr><th colspan="6">人才培养</th><th rowspan="2">科学研究</th><th rowspan="2">社会服务</th><th rowspan="2">文化传承</th></tr>
<tr><th>师资队伍</th><th>课程体系</th><th>教学方式</th><th>评价制度</th><th>校园设施</th><th>质量保障体系</th></tr>
<tr><td>短期高等教育</td><td>✓</td><td>✓</td><td>✓</td><td>✓</td><td>✓/—</td><td>✓</td><td>—</td><td>—</td><td>✓</td></tr>
<tr><td>专科教育</td><td>✓</td><td>✓</td><td>✓</td><td>✓</td><td>✓</td><td>✓</td><td>✓</td><td>✓</td><td>✓</td></tr>
<tr><td>本科教育</td><td>✓</td><td>✓</td><td>✓</td><td>✓</td><td>✓</td><td>✓</td><td>✓</td><td>✓</td><td>✓</td></tr>
</table>

续表

纵向	横向								
	人才培养						科学研究	社会服务	文化传承
	师资队伍	课程体系	教学方式	评价制度	校园设施	质量保障体系			
硕士教育	✓	✓	✓	✓	✓	✓	✓	✓	✓
博士教育	✓	✓	✓	✓	✓	✓	✓	✓	✓

其次，从高等教育的区域分布角度看，高等教育现代化目标在横向上还可以分为省级行政区、地级行政区、县级行政区、乡级行政区的高等教育现代化，其中短期高等教育和专科教育在未来可拓展到县级行政区和乡级行政区，而本科教育、硕士教育和博士教育仍主要分布在省级行政区和地级行政区，条件具备的县级行政区可以考虑本科教育（表 2–1–2）。

表 2-1-2　高等教育现代化分层类目标（二）

纵向	横向			
	省级行政区	地级行政区	县级行政区	乡级行政区
短期高等教育	✓	✓	✓	✓
专科教育	✓	✓	✓	✓
本科教育	✓	✓	✓	—
硕士教育	✓	✓	—	—
博士教育	✓	✓	—	—

就此分类角度而言，高等教育现代化不仅涉及具体实施高等教育机构本身的现代化，还涉及不同层次、不同类型高等教育机构的布局问题。

第二节　高等教育现代化的推进模式

现代化的过程是世界性的历史推进过程，其具体反映为人类社会在工业革命以后经历的重大性、急剧性的变革。在工业化的推动下，人类社会逐渐从农业社会向工业社会转变，由此使全球发生现代化的变革，并使现代化向经济、政治、文化和思想等领域渗透。高等教育现代化是现代化研究中独特的学科范畴，体现了现代化的普遍价值，与国家发展、经济、科技、文化的现代化一样蕴含了从非现代化到现代化共同的过程阶段性，客观地规定了建设主体后发落后于先发的目标超越性和先发领先于后发的现实发展超前性，同时必然彰显了高等教育研究领域的独特个性规律特征，是高等教育内部诸要素，如知识传授、发现、应用，以及其外部联系要素的现代性，是高等教育人才培养、科学研究、社会服务，乃至于高等教育内外部治理等对现代化本质的反映。

一、高等教育现代化的推进模式概述

从国际高等教育与现代化交叉研究的视野分析，高等教育的现代化与科技现代化、经济产业现代化进程不仅高度融合，也同步发展，按照现代化进程三阶段逐步发展，逐层推进，但是基本推进模式体现于现代化初期是内源式先发内生型现代化推进模式，以及在第一次现代化浪潮之后形成的以模仿、借鉴为主要手段的后发外生型现代化推进模式。中国学者罗荣渠提出，由于创新变革与传导性变革两种方式不同，现代化过程具有内源的现代化和外源或外诱的现代化两种不同类型。内源的现代化，即社会内部力量推动形成的内部创新，其需要经历漫长的社会变革，因此又被称为内源性变迁。外源或外诱的现代化，即受到国际环境的影响，社会内部的思想和政治发生变革，进而推动经济的变革，因此又被称为外源性变迁。

从高等教育发展看，内源性变迁实际是高等教育内部创新而发生的变化发展，是一种高等教育由内而外的内生型发展推进模式；而外源性落后国家高等教育是借助外部力量或模仿学习的现代化发展推进模式。因此，从起始的时间及现代化的最初启动内外因素而言，高等教育现代化可以分为先发内生型现代化和后发外生型现代化两大类。借用社会现代化理论关于现代化“先发内生型”和“后发外生型”两种模式的划分方法，可以将大学的发展历程分为“先发内生型”和“后发外生型”两种类型。[①] 然而，在不同国家高等教育现代化发展过程中，由于发展的特殊性，又会相应地形成混合型的发展模式。因此，高等教育现代化的推进模式就演化为三种。

① 王建梁，陈瑶．后发外生型世界一流大学发展模式述评[J]. 高等理科教育，2010 (2)：107—111.

二、高等教育现代化的先发内生型模式

（一）高等教育现代化先发内生型的含义

高等教育现代化的先发内生型，又可以称为内源型现代化。先发国家现代化开始的时间都比较早，其现代化最初的启动力量是现代性因素的历史沉淀。现代性因素来自先发国家社会内部，高等教育现代化与国家社会的现代化构成了局部与整体的关系，是现代化的要素与系统关系。如果从现代性因素的增长来看，如近代民族国家的形成，强有力的中央政府的建立，新兴社会力量的成长等，其大约起始于英国资产阶级革命，至今已有三百多年的历史。这一类型中的国家，如美国、法国，其现代化起步虽然晚于英国，但和世界上大部分国家相比，仍居先发；由于文化传统的一致性，这些国家的现代化依然具有明显的内生性特征。对于内生性，有很多种表述，哥迈尼（Gomeney）在《现代化的社会学》一书中将其称为“原生型现代化”，利维（Levy）则将其称为“内源发展国家”。不论冠之以什么样的概念，其大致含义都可作为一种史无先例的发展进程，是在自己内部现代性因素不断成熟的情况下逐步演进而成的。

（二）高等教育先发内生型的基本特征

1. 是历史进程的沉积

高等教育内部的现代性既是社会、国家现代化不断积累的前提，也是现代化的结果。这种现代性的孕育成熟主要是在高等教育内部进行的，随着外部环境在其中的作用而逐步形成，特别是在现代化的初期阶段，国家对高等教育现代化进程的直接推动力量非常大。此时国家处在为现代化确立基本前提条件之际，如维护国家的统一、打破制度壁垒等。事实上国家也对高等教育推进国家现代化进程寄予厚望。

2. 是现代化进程中的探索者

先发内生型现代化起始之初，没有既定的前景参照，也没有像后发型现代化那样有现成的路标参照，无论是在技术上，还是在制度和组织形式上，都需要内源性创新；高等教育现代化先发内生型具有较强的自我发挥能力，高等教育独有的人才培养、科技研究等方面的功能实际也为现代化进程提供了智力支撑，高等教育在国家现代化进程中扮演了探索者、创造者的角色。

3. 是伴随国家现代化进程缓慢渐进发展的

先发国家的现代化经历了数百年的发展历程，其中多数国家发生的由传统农

业社会向现代工业社会的变革是自然而然的结果。尽管部分先发型国家也会经历变革，但是其现代化过程中的高等教育现代化进程是缓慢渐进的。

三、高等教育现代化的后发外生型模式

（一）高等教育现代化“后发”的内涵

罗荣渠认为后发现代化国家面临“迟发展效应”。“后发”是经济学术语，基于落后国家工业化进程中的后发劣势与后发优势理论研究，包含后发劣势与后发优势二重含义。一是后发劣势。杨小凯在介绍“后发劣势”概念时候，指出这一概念是在财政联邦主义、政治经济学等领域非常有建树的美国经济学家奥尔森（Olson）提出来的。他的意思是，落后国家由于发展比较迟，所以有很多东西需要模仿发达国家。模仿有两种形式，一种是模仿制度，另一种是模仿技术和工业化的模式。[①] 二是后发优势。美国经济史学家亚历山大·格申克龙（Alexander Gerchenkron）对德国、意大利等国家的经济追赶经验进行了总结，并在 1962 年提出了后发优势理论。现在，“后发优势”又被理解为“落后得益”或“落后的有利性”等。在格申克龙看来，如果一个国家在工业化时期的经济相对落后，那么该国就会有着与先进国家显著不同的工业化进程和特征，但是林毅夫却用内生增长模型指出了欠发达国家获得发展优势的途径，即引进发达国家的先进技术，同时结合本国的技术水平和工资水平决定的比较优势，通过从发达国家引进技术，从而获得比发达国家更快的技术变迁速度，如此欠发达国家的经济增长速度就会超过发达国家的经济增长速度，既不会陷入生产低技术产品的困境，又能实现向发达经济的靠拢。

另有研究表明，虽然“后发优势”和“后发劣势”相比都有“后发”二字，但是结果却是不同的。“后发优势”是将提高经济发展速度作为出发点的，而“后发劣势”则是对制度提出了控诉。因此，“后发”包含着“温和改良”和“激进改革”的双重含义，“后发优势”和“后发劣势”也就有着不同的目标和手段。在高等教育领域中，有后发是落后的高等学校还是后来者的高等学校的问题，有学者分析指出，后发高等学校的参照标准是世界一流大学或高水平大学。从三个层面来理解其中的内涵：第一，从发展水平差距考虑后发关系；第二，从制度层面考虑后发关系；第三，从先后顺序考虑后发关系。从经济学领域中的后发理论解读后

① 杨小凯．后发劣势[J]．新财经，2004（8）：120–122．

发高等学校的概念，其实是相对于先发高等学校而描述的一种发展状态。因此，在一定意义上，高等教育的“后发”，实际是以先发为优势的发展落后状态，是后发国家超越高等教育发达国家的战略部署。

（二）高等教育现代化的后发外生型概述

1. 高等教育现代化的后发外生型内涵

英国社会学家吉登斯（Giddens）把“现代性”解释为在欧洲封建社会之后所建立的行为制度与模式。现代性是与传统相对应的概念，现代性是现代社会的特征，它是社会在工业化推动下发生全面变革而形成的一种属性。因此，现代化必然体现封建传统农业社会向现代资本主义工业社会转型的问题，以及这一社会转型内在的推进模式问题。现代化作为一个崭新的史学范畴在中国出现并历经几次重大的模式转换，也必然在高等教育的现代化进程中得以呈现。

高等教育的后发外生型指现代化起步时间较晚，而且启动是基于外部动因引起的模式类型。自英国、法国、德国等欧美国家的早期现代化后，当今发展中国家的高等教育现代化，都可以归入后发外生型推进模式。这一类型国家高等教育现代化启动时，欧美发达国家的高等教育现代化已经达到了较高水平，并且这一类型国家高等教育现代化启动并非源于本国现代性因素的历史沉淀，而是在国际环境影响下，国家社会遭受外部冲击而引起高等教育内部的教育观念和学科专业、教学方法等高等教育因素变革进而推动高等教育革新。在俄罗斯现代化早期，彼得大帝（Peter the Great）深入了解欧洲发达国家，以及俄罗斯在与欧洲各国的政治、军事、文化等交流中的国家发展劣势，从而启动了现代化进程。日本的现代化，也是伴随着近代欧美国家的入侵而启动的，正是因为海军准将佩里（Perry）率领的舰队逼迫，才有明治维新系列现代化改革措施。反观中国的近代史，正是在西方国家的坚船利炮推进下的缓慢而又曲折的现代化进程。近代中国学科“四部之学”到“七科之学”发展方式，是从西学的大规模输入带来的西方学术的分科观念和分科方法，也标志着中国近代意义上的高等教育现代化的启动。

目前的许多发展中国家高等教育现代化进程是痛苦的殖民统治下的外生模式，是在争取自己的生存与发展，摆脱新老殖民主义的压迫和奴役的强烈的民族主义意识的驱动下，才开始了高等教育现代化进程。与早期发达国家高等教育现代化和俄国、日本高等教育现代化不可同日而语。

2. 高等教育现代化进程中后发外生型推进模式的特征

高等教育现代化进程的后发外生型推进模式是在发展中国家遭遇殖民侵略的

历史过程中逐步由外而内形成的。具有下列几个特征。

(1) 高等教育的后发外生型是政府主导下的积极转型

后发外生型的高等教育是政府在内部缺少现代性积累的情况下自觉作出的积极转型，以积极应对外部挑战。在得知与发达国家的差距后，后发国家的政府和领导人开始自觉推进现代化进程，将其视为生存和发展的重要手段。具体来说，后发国家的政府会直接干预现代化进程，并且制订和组织实施一系列经济社会发展计划，以此更加快速地推进现代化进程。如清政府所倡导的“人才为政事之本，兴学育才为当务之急……除京师已设大学堂……著各该省督抚、学政，切实通饬，认真兴办”①。京师大学堂的设立等晚清教育改革，都是政府主导的教育改革。

(2) 高等教育的后发外生型是模仿、借鉴的被动学习

后发国家的高等教育现代化在发轫之初，先发国家现代化已经在高等教育等很多方面取得了比较丰硕的成果，尤其在技术领域，后发国家有借鉴、引进、吸收先进经验的可能；并且后发外生型现代化在已经落后于人的压力下，面临诸多严峻的现代化任务，有借鉴与引进先进经验的现实要求。借鉴与引进无须重新创造，无疑可以加快这些国家的现代化进程，但是这个过程也是充满风险的，如新引进的现代因素与原有的传统因素的矛盾、冲突，盲目引进现成的模式而不符合本国的国情，缺乏经久不衰的现代化内部动力等。

(3) 后发外生型高等教育大都具有赶超先发国家的特征

由于外部条件的刺激，后发国家的高等教育会被动地积累现代化要素，力求缩小与先发国家高等教育的差距，弥补本国的现代性因素，促进本国现代性启蒙的出现。我国清末时期出现的洋务学堂，就是通过引入西方学制开展办学的。例如，李鸿章提出了“学习西学，实现自强，就必须创办新式学堂”这一观点，并要求遵循“用人最是急务，储才尤为远图”的原则，1862—1894 年，洋务派共创办外语、军事、技术等新式学堂 24 所，希望快速通过要素模仿的办法实现赶超发展。

(4) 后发外生型高等教育现代化本身就存在相当多的矛盾

矛盾主要表现为以下几个方面：内部缺少现代性因素，却在外部因素的影响下强行开始现代化进程；先天不足却要在更短时间内走完发达国家在几百年间走

① 王希莲．评析晚清教育制度改革[J]. 聊城师范学院学报（哲学社会科学版），1999 (2)：31—35.

过的历程；现代化的目标既要基于人民的要求又要有利于加强政府在社会中的地位等，但是由于非内生性的现代化，高等教育自身的内在观念系统还是延续传统的。因此，高等教育潜伏着内在传统与外在国家发展诉求的社会矛盾，很不平稳。随着新学知识体系的形成和体制的建立，20 世纪初国学思潮的兴起表现出学术文化的历史性转向，传统中学在基本内容和框架上完成了由旧学向新学的历史更替。与此同时，也形成了新学与旧学的对立状态。

四、高等教育现代化的混合型模式

（一）高等教育现代化的混合型模式概述

1. 高等教育现代化混合型模式的概念

混合，指掺和，合在一起。混合是由简单元素逐渐发展、组合而来。模式可以从三个方面来进行理解，第一种指事物的存在状态，即事物的类型、范式等；第二种指事物的发展道路和运行方式；第三种指对事物的分析和思维方式。论及高等教育现代化的混合型模式，表层上更多指高等教育现代化的发展道路和运行方式，深层次意义上则与对高等教育现代化的分析和思维方式直接相联系，最终在实施过程中逐渐形成具有特定性质的高等教育现代化的一种类型。

按照上述意义理解，高等教育现代化的混合型模式指两个或两个以上单一型高等教育现代化模式相结合的组合模式。目前，世界上部分国家在高等教育现代化战略中所采取的模式就可以归为混合型模式。当前，高等教育现代化混合型模式又被称为高等教育现代化综合型发展模式。一般意义上理解的高等教育现代化综合型发展模式指由高等教育现代化内生型发展模式与高等教育现代化外生型发展模式通过交叉综合而来，高等教育现代化内生型发展模式与高等教育现代化外生型发展模式共同推动高等教育现代化的实现，其主要特征融合了高等教育现代化内生型发展模式与高等教育现代化外生型发展模式的主要特点，并能够有效克服内生型发展模式与外生型发展模式的局限性。通过高等教育系统内部与外部之间产生的张力集齐高等教育发展各类主体的综合力量，将高等教育系统的内部动力与外部推力结合起来，通过有规划的顶层设计制订发展目标，综合采取强制性制度变迁与诱致性制度变迁的方式，形成既能遵循高等教育发展的基本规律、建立统一的高等教育制度体系，又能保持高等教育灵活性、多样性、积极性的发展局面，逐渐分步骤、分层次、分类别、分区域地实现高等教育现代化。

需要着重指出的一点是，为了推进高等教育现代化的综合发展，各方参与者，包括政府、社会、高等学校和个人，必须协调彼此的利益诉求，并不断创新高等教育管理机制。这些机制需要以利益关系为中心，建立适当的高等教育任务分配机制、利益分配机制、风险承担机制和绩效评价机制等。可见，实现高等教育现代化的关键在于建立一种新型的、有效的政府、社会、高校以及个人之间的关系。高等教育现代化是涉及整个经济社会系统的问题，而不是高等教育系统内部就可以解决的。高等教育的现代化需要关注两个方面，即政府和社会参与高等教育事业的发展过程、注重高等教育的内部改革。此外，高等教育事业的创新和发展也是至关重要的。

2. 高等教育现代化混合型模式的分类

不同国家在高等教育现代化发展过程中分别形成了不同的高等教育现代化模式，以高等教育现代化模式的单一程度作为依据，可以把已经形成并且得到公认的高等教育现代化单一模式概括为比较典型的四种：内生型、应激型、植入型、追赶型。单一模式的组合形成混合型模式。根据组合或结合的紧密程度，混合型模式可分为“一般混合型”和“强力混合型”两种。“一般混合型”可以初步理解为将某几种单一型高等教育现代化模式作为出发点和基础，通过融合或并存的方式使得几种高等教育现代化模式关联在一起，使之相互贯通，提高组合模式的效能，形成合力，共同推动高等教育现代化的发展。“强力混合型”指以某一种单一型高等教育现代化模式为主导，同时采用另外一种或一种以上的其他高等教育现代化模式作为辅助的模式。

高等教育现代化混合型模式的良好运作，既可提高国家的高等教育现代化水平，又能加强国际高等教育的理解、合作及交流，符合促进本国、本民族的文化认同，缩小南北差距等要求，混合型模式将是世界很多国家高等教育现代化继续坚持和完善的模式，因而也是最有利于本国传统与外来发展趋势相结合，并发展为国家特色的理想模式。

采纳高等教育现代化的先发内生强力混合型模式的国家，他们的高等教育现代化崛起，在时间上是领先的，其高等教育现代化因孕育于自身传统高等教育内部结构的历史逻辑演进而发育成熟。它们给其他地区带来了示范性和逼迫性的双重效应。

以俄罗斯的高等教育现代化为例，俄罗斯在加入欧洲教育一体化体系后，为重塑高等教育强国形象和积极应对经济全球化挑战，开始推行一系列的高等教育现代化改革措施。

第一，力主推行分权管理模式。在俄罗斯高等教育现代化改革进程中，提高地方政府在高等教育管理方面的权力是非常重要的一项内容，其主要是通过重新分配联邦政府与地方政府（联邦主体）之间的高等教育管理权力来实现的。而这也就意味着实行垂直化的分权管理改革，即将联邦政府的高等教育管理权力下放到地方政府。

第二，赋予高等学校自主决策权。如今，俄罗斯联邦政府和各联邦主体均减少了对高等学校的行政管理、学术管理和财务管理等方面的控制，从而确保了俄罗斯的高等学校拥有更多的自主决策权。例如，选举制取代任命制，使俄罗斯高等学校管理者的产生程序更加自主化，同时也提高了俄罗斯高等学校学术委员会的地位。

第三，增进与国外高等学校的交流合作。自 20 世纪 90 年代以来，俄罗斯高等教育的办学方式和办学理念变得更加灵活和多样。为了进一步推动高等教育对外开放水平，俄罗斯在加入欧洲教育一体化体系的基础上，对本国高等教育的学制、学位颁发、课程设置和教育质量评估等方面进行了改革，以确保俄罗斯的高等教育更好地与欧洲的高等教育展开交流合作。

第四，采用现代化教学手段和方法。如今，世界各个国家和地区的高等教育均注重创新精神和求真精神，认为二者在促进学生的全面发展过程中发挥着不可替代的作用。俄罗斯的高等教育与现代科学技术的联系日益密切，无论是公立高等学校还是私立高等学校，俄罗斯均采用了信息化教学手段，现代科学技术的加持使俄罗斯的高等教育水平不断提高。

俄罗斯通过推进高等教育现代化改革，进一步提升了俄罗斯高等教育的质量和水准，而通过分权改革，提高了俄罗斯各联邦主体对高等教育的投资热情，并使联邦主体从中受益。俄罗斯高等学校在获得了更大的自主权和更加公平的竞争机制后，激发了自身的办学热情，并真正地履行了高等学校的使命。

俄罗斯高等教育现代化的进程包含了高等教育思想和高等教育办学行为等多方面的进程。从制度角度来看，高等教育现代化意味着构建高等教育新制度，要出台一系列新的办学制度取代原有的办学制度。从制度的修改、颁布与实施分析，俄罗斯高等教育现代化模式具有内生型现代化模式的特征，充分考虑了如何利用国家现有高等教育办学基础和办学条件，以尽可能平稳的方式去摸索高等教育现代化道路，试图通过对高等教育内部因素的整合尽可能引导国家走上高等教育现代化道路。俄罗斯同时又具有外生型现代化模式的特征，受到欧洲一体化的影响，希望通过高等教育领域的对外开放实现缩小与他国教育的差距甚至赶超他国高等教育办学水平的目标。简单地把俄罗斯高等教育现代化模式归入内生型现代化模式或外生型现代化模式，都过于勉强，实质上其属于“强力混合型”高等教育现代化模式。

我国制定和颁布实施的《国家中长期教育改革和发展规划纲要（2010—2020年)》，就已经明确了国家教育现代化的发展方向和目标，为加快教育现代化，把我国建设成为教育强国，中共中央、国务院印发了《中国教育现代化2035》。新时代的高等教育目标与改革开放初期的高等教育目标相比，有了很大的改变。受到高等教育发展环境的影响，可以预测当前我国高等教育现代化模式将会由过去相对单一的外生型现代化模式向混合型现代化模式转变，随着高等教育发展水平的提升我国高等教育现代化模式再向内生型现代化模式转变。

（二）高等教育现代化混合型模式的基本特征

高等教育现代化混合型模式不是凭空捏造的一种说法，而是从大量实践当中提炼出来的一种意识、观念和整套操作方案的总称，具有以下特征。

1. 符合高等教育规律

高等教育现代化混合型模式的实质是高等教育管理者把握高等教育规律的一种当下或当前时期的折中式或嫁接式方案，其中蕴含简明高效的高等教育规律和运行程序或步骤。可见，高等教育现代化混合型模式的出现符合高等教育规律。比如，符合一国经济社会发展水平及整体发展状况，符合大学生的心理特点、认知特点、行为习惯等。我国高等教育现代化模式和国际高等教育现代化模式有所区别，但无论如何，高等教育规律是必须遵从的，其必须反映高等教育发展的内外部规律。

2. 揭示高等教育的本质

教育模式具体表现为一种理性操作策略，其旨在帮助教育者认识和把握教育现象、教育规律，并帮助教育者高效地理解事物的本质。只要教育者掌握了教育模式，其就能在不影响教育质量的前提下提高工作效率。教育模式能够揭示教育本质，这使教育者能够更容易推动和认识教育规律，为教育者积极探索和创新教育模式奠定了基础。高等教育现代化混合型模式是基于高等教育规律认识基础上创新的理性操作策略，是对高等教育的教学、科研、社会服务功能如何发挥所做的一种战略选择。由于高等教育现代化混合型模式也源自实践，且有着高于经验层次认识的理论支撑，因此，模式本身就是对高等教育本质认识的揭示和反映。

3. 具有相对稳定性

在特定的历史阶段，由于人类难以完全理解教育真理和教育规律，因此教育模式会在一段时间内趋于稳定。这也表明，一旦确定某种教育模式，它将有更广泛的适用性，然而需要注意的是，这种适用性只是暂时的，随着人类认识的深入和科技水平的提高，教育模式本身带有的漏洞也就逐渐显现出来。例如，当中国经济社会水平较低、教育水平不够高并且知识总量主要集中在基础层面时，传统的教育模式就将有更广泛的适用性。而随着中国经济社会水平的提高，人们逐渐认识到，光靠获取知识难以解决所有问题。因此，当代社会开始形成一种新的教育模式，其强调的是人的综合素质的全面提升，而这种新的教育模式也成为决定个人生活水平和生产水平的关键因素。从国家层面看，高等教育现代化模式在一个特定的时期必然有着相对的稳定性，并且会随着社会的发展有着相应的改革和创新。

五、适应时代发展的我国高等教育现代化模式选择

伟大的时代产生伟大的理论，伟大的理论引领伟大的时代。科学理论不仅是时代的精华，更是引领社会前进的伟大旗帜。习近平新时代中国特色社会主义思想是中国特色社会主义理论体系的组成部分，是引领不同时期我国高等教育发展的重要理论，我国高等教育的现代化模式应该以习近平新时代中国特色社会主义思想为指导。习近平总书记基于新发展理念，对新时代高等教育发展问题进行全面、深刻的阐述，提出了“扎根中国大地办好中国特色社会主义大学”[①]等一系列重要观点，为中国高等教育现代化提供了方向指引。

（一）新发展理念的意义

首先，新发展理念强调人的发展和社会全面进步，契合了高等教育现代化各种类型对人才培养的客观要求。社会发展观涵盖政治、经济、文化和社会关系等各个方面，正确的社会发展观是形成正确的现代化思想的必要前提，也是实现构建正确的高等教育现代化模式的重要依据。现代化体现在经济、政治和文化的方方面面，要求经济、政治和文化统一发展。习近平总书记以政治论和人本论为基础的高等教育哲学观就突出揭示了高等教育现代化发展进程中高等教育、社会、人三者之间发展的内在规律。

其次，新发展理念主张实现人、经济、社会和自然的协调发展，内在地规定

① 本书编写组．中国共产党普通高等学校基层组织工作条例（2021 年印发）[M]. 北京：党建读物出版社，2021.

了高等教育现代化的方向和进程。倘若违背自然和社会和谐统一的发展关系，那么就会造成经济与社会文化和政治制度的关系失衡，产生单向度发展问题。新的发展理念要求实现人与自然的和谐发展，即不能一味地将经济增长视为社会发展和进步的关键指标，而是统筹兼顾人、经济、社会和自然的有机关系。因此，现代化的进程需要容纳人、社会和自然的各种资源，为人类社会的发展和进步积累资源基础。坚持创新、协调、绿色、开放、共享新发展理念，努力办好具有中国特色、世界一流的现代高等教育，是我国高等教育发展的价值取向。高等教育作为一个巨型的复杂有机系统，倘若不顾实际割裂有机系统，片面追求单方面的发展，就会导致有机系统的协调关系发生失衡，由此引发一系列矛盾和问题。

再次，新发展理念把人的发展作为发展理论的出发点，与高等教育现代化的逻辑起点具有一致性。人类的积极性和创造性的发挥推动了社会的发展和变革，因而有必要将人作为发展过程的中心，提高人自身的素质和发挥其创造潜能，但是如果将人作为推动经济产业发展的唯一要素，就会致使社会分工的割裂和人主体性的迷失。因为，市场经济的运行是依附于特定的社会环境的，市场经济有其存在的独特性，是具有多方面发展需求的，而人作为社会构成的主体，同样有着特定的现实发展需求，其必须依靠自身的能动性实现这一特定现实需求。要想发挥人自身的创造性和能动性，必须构建相应的机制，如此才能推动现代化进程。从高等教育现代化的规模发展和内涵发展上看，两者之间的起点统一在人的尺度之上。习近平新时代中国特色社会主义思想的价值取向就是坚持人民性，将高等教育的现代化与人的现代化相统一，将高等教育现代化模式的选择依托于人。

最后，新发展理念着眼于绿色、可持续发展，与高等教育培养可持续的人和高等教育自身的可持续发展高度吻合。以新发展理念统驭引领高等教育的现代化，如从学科专业层面，与科学、技术、经济、文化等各方面相互作用，以构建良性的互动关系。实现高等教育的可持续发展是指确保高等教育能够获得可持续发展的机会和资源，并对已有的机会和资源进行优化，奠定可持续发展的基础。

（二）指引高等教育现代化由外生向内生模式的转变

相较于发达国家，后发国家在开发、利用世界知识和技术存量方面较为落后，但是衡量后发国家处于“后发劣势”还是“后发优势”，应从其能否利用、增加或创新积累的知识和技术等资源，以及能否积极引进利于本国发展的技术。“适用技术”概念在早些年间受到后发国家的关注，其重点是引进适用于本国经济发展的技术，并考虑引进的技术与本国生产要素、市场规模、文化社会环境和技术状态的适用性，确保引进技术能够产生最大化的效果。在引进技术时，应考虑引进技术的关联作用和推广的可能性等。引进技术的目的在于实现自主开发技术，即通常而言的“授人以鱼不如授人以渔”，因此要确保引进的技术可以推动本国技术的创新，实现本国产业技术水平的发展。这一模式，基本是建立在以借鉴模仿为主，高等教育现代化处于消化汲取的后发外生型基础之上。

创新是知识经济的灵魂，高等教育现代化的超越发展必须建立在知识与技术创新的基础之上。否则国家现代化便是无源之水、无本之木。近代中国洋务运动的失败，是后发模仿而无创新发展的典型样本。一个国家要想发展知识经济，就必须具备可持续的创新能力和积累高素质的人才，否则这个国家就会失去发展知识经济的机会。这必然要求国家必须及时推进高等教育后发外生模式向后发内生模式的转变。所以，高等教育作为国家创新体系不可分割的部分，构成了经济社会可持续发展的基石。

高水平的科学技术和形成的科技产业群，是推动经济增长的关键。后发国家不能仅依赖后发外生模式，也不能单纯引进发达国家的知识密集型信息技术产品，不然就会导致本国引进的技术落后于发达国家的技术。知识经济时代，后发国家必须转变以往单纯模仿先进国家技术求发展的模式，而是要积极引进高技术人才，实现拥有自主知识产权的技术开发，力求处于有利的国际竞争地位。基于此，我国应积极跟进知识经济发展潮流，主动把握科技全球一体化进程和世界产业结构转型升级趋势，结合先发国家的文化智力资本向外推广交流的契机，主动推进后发外生模式，寻求自主型的高新技术产业发展道路。以科学发展观为指导，大力推进高等教育现代化进程的转型，积极引进利于产业结构调整和升级的技术，同时对引进的关键技术进行再学习和再利用，用以后续的创新和开发。另外，要重点开展高科技基础研究，将其用于推进产业化进程中，实现自主创新。现代社会是一个庞大协作体，科学研究的进步有赖于协同创新。习近平总书记关于高等教育创新的思想就包括了深度参与创新驱动发展战略、人才队伍创新、科技创新、学科协调创新、人才成长和发展环境创新五个方面。在我国高等教育现代化过程中，要加强政府的宏观协调、政策扶持，完善高等教育创新政策和法规体系，为高等学校、研究院所技术创新、知识创新创造一个良好的环境，推动高等教育现代化创新体系的建立。这也是我国经济能否实现可持续增长、赶上知识经济时代步伐，实现后发赶超的关键。

我国高等教育现代化要有自己发展的道路和自主性，必须通过与外部世界合作来实现，表现为充分利用两种高等教育现代化的模式，即以后发模仿为主的后发外生模式和以后发自主创新为主的后发内生模式。以实现社会主义现代化作为长期的奋斗目标，适时推动转型发展，把当代中国的现代化同中国共产党领导和广大人民支持联系起来，把当代中国的现代化同改革开放联系起来，转变劣势，激发我国高等教育内生发展的优势，实现从工业社会向知识经济社会转变的领先超越。正如习近平总书记指出的，坚持走自己的高等教育发展道路，办好中国的世界一流大学，必须有中国特色；要有中国特色，既要吸收世界上先进的办学治学经验，更要遵循教育规律扎根中国大地办大学。这是由我国独特的历史、独特的文化、独特的国情决定的，中国特色高等教育是践行中国道路、弘扬中华优秀传统文化、服务人民、服务中国发展的教育。我们要坚持走中国特色高等教育发展道路，反对保守封闭。

现代化的高等教育的发展能够为国家发展战略的实施提供优质的人力、智力、科技支撑。结合我国高等教育改革与发展的国内外环境的变化，将高等教育强国、人力资源强国、科技强国三者统筹思考部署：提出要遵循高等教育发展规律，深化高等教育体制综合改革，加快“双一流”建设，推动高等教育内涵式发展，这将加快我国高等教育现代化模式从模仿到创新、从借鉴到引领的转变。

第三章　国外高等教育现代化发展战略

本书第三章为国外高等教育现代化发展战略，分别介绍了四个方面的内容，依次是美国高等教育现代化发展战略、英国高等教育现代化发展战略、日本高等教育现代化发展战略、德国高等教育现代化发展战略。

第一节　美国高等教育现代化发展战略

一、美国高等教育现代化发展战略的特征

美国联邦政府主要围绕学生学业发展、教育质量与公平和高等教育机会等方面制定高等教育现代化发展战略，由此能够看出美国高等教育现代化战略的整体性和一致性特征。

（一）关注学生发展和学业成就

美国高等教育现代化发展战略注重建设以学生为中心的高等教育理念，学生既是高等教育的主要对象，也是高等教育的利益相关者。围绕学生发展实施高等教育现代化发展策略，能够促使学生的学业获得应有成就，从而提高国家整体的教育发展水平和竞争力，为社会输送各行各业的人才。

1．注重教育机会的扩大和改善

美国的高等教育呈现出教育需求供给与运行成本投入不均衡的特征，一些高等学校不得不缩减招生名额或提高入学标准，然而在信息技术的加持下，高等教育的实施方式与开展条件等都发生了较大变化，如高等教育信息技术课堂的推广进一步改善了学生学习质量，有助于教师准确完成课堂教学评价，同时也打破了教师的“教”与学生的“学”的时空限制，满足了学生获得教育服务的需求。在美国，远程在线课堂、两年制学院和营利性机构等为学生提供了额外的高等教育选择，以满足学生的需求。此外，减轻学生和家长的教育负担是为了扩大和改善

高等教育机会，以便让更多人能够接受高等教育，并获得与社会劳动力市场需求相关的专业知识和技能，从而提高社会竞争力。

2. 以学生发展为中心开展高等教育认证

美国高等教育认证具有非官方性质，其以同行评价和自我管理为原则，属于行业内部质量认证。美国联邦政府会赋予美国高等教育认证机构教育监督评审与执行权，这样就避免了联邦政府对高等教育认证工作的直接干预，实现对美国高等教育认证机构的源头管理。美国高等教育认证机构应在遵守美国联邦政府规定的基础上，着重关注学生的成长状况，以便获得高等教育机构会员资格，具备评审与执行资质。

3. 培养具有全球胜任力的美国公民

全球胜任力不仅是精英阶层必备的技能，而是每个人都应该掌握的技能。美国高等教育中强调的全球胜任力，是指学生需要具备良好的国际化素养，包括团队协作与沟通素养、多元认知与全球参与素养等；掌握跨文化交际能力和要求，以及形成高水准的社交能力和领导技巧；在学习或工作中达到流利使用外语交流的能力；具备从多角度审视问题并深入思考的高阶思维能力；能够积极投身于社会问题讨论，体现出自身的良好专业素养。总体而言，增强全球胜任力不仅符合国家整体发展战略和人力资源储备战略，同时也能够促进国际合作和交流，并且是推进美国高等教育发展的重要力量。

（二）加强监督以提升高等教育质量

作为美国高等教育现代化发展的重要物质载体，美国高等教育机构是通过确保教育质量维护自身合法地位的。因此，美国高等教育现代化的战略重心在于提高高等教育机构的水平和素质。

1. 联邦政府加强对远程高等教育的认证

高等教育的核心在于帮助学生获得发展成就。在这种理念的驱动下，学生能力和学业成就成为美国高等教育的认证标准。随着科技的进步和学生对教育需求的增加，远程高等教育的规模正逐渐扩大，这种新型教育形式为美国高等教育带来了多元化的特征。随着远程高等教育的推广和成熟应用，美国不断加强对远程高等教育的认证工作。美国已经颁布了各种关于远程教育法规和政策，其覆盖了联邦政府、州政府、高等教育机构联盟和大学四个层面。经过多年的实践和经验积累，美国拥有完善的远程高等教育认证机制，具体表现在组织结构、运行模式和认证标准等方面。美国联邦政府会根据评估认定结果确定需要资助的高等教育机构，以此提升这一高等教育机构的吸引力。在美国，包括军事机构、企业大学、中等后职业教育机构和远程学习机构，必须接受美国联邦政府的认证。

2. 加强对高等教育的多元化问责

当前，强化高等教育多元问责机制，已成为美国改善高等教育质量的重要手段之一，这也代表着美国高等教育现代化发展战略的关键走向。高等教育多元问责机制，本质上是美国社会希望高等教育能够成为可靠的和高质量的投资，获得卓越的教育成果和带来可观的回报。在美国，州政府是实施高等教育问责机制的主体，而联邦政府则通过制定法律和提供经费等方式对高等教育进行引导。而在高等教育现代化水平获得发展以及高等教育问责制趋于成熟的背景下，美国高等教育的问责主体涵盖了社会各界力量，既有州政府和联邦政府等政府机构，也有学生、家长等教育消费群体，还有高等学校所属的专业协会、新闻媒体、民间组织和智库机构，这将使高等教育更加透明、负责和开放。

二、美国高等教育现代化发展战略的挑战

（一）教育成本提升对高等教育现代化带来的挑战

如今，美国联邦政府及各个州政府依然面临着高等教育财政支出压力，这也成为美国高等教育现代化发展战略的一大挑战。学生的学费是美国高校获得办学经费的主要渠道，但由于近年来高等教育学费上涨幅度高于通货膨胀率，因此不少学生不得不通过申请助学贷款来负担昂贵的教育费用，这在一定程度上给联邦政府及各个州政府开展高等教育管理带来了挑战。

1. 高校财政依赖性提升

美国公立研究型大学、州立大学和社区学院的办学经费主要来源于政府提供的财政补贴。而随着高等教育投入成本不断上涨，政府不得不采取经济手段来保障学生接受高等教育的权利。同时，由于公众对公共利益纳税的意愿降低，美国联邦政府及各个州政府的教育财政预算遭受削减，再加上一些高等学校日益倾向于接受政府提供的经费，用以开展特定的研究项目，因此高等学校对政府的依赖性逐渐增加，并且高等学校的课题研究方向也逐渐向政府需求倾斜。如果政府决定撤回高等教育研究项目财政资金，那么高等学校的经费补助就会大幅缩减。针对这一情况，美国联邦政府强调优化高等教育认证和问责机制，根据认证和问责的结果确定高等教育资金分配比例。

2. 联邦教育部规模和权限受损

缩减联邦教育部的组织规模和权限范围，主要是为了确保州政府有更多自主管理高等教育的空间，但这直接加重了州政府的高等教育财政支出负担。同时，由于面临着高额的教育成本压力，一些学生转而寻求联邦政府的贷款资助，而联邦政府又因为难以及时收回贷款，同样面临着较大的经济负担。

（二）技术创新为高等教育现代化带来的挑战

高等学校的教师在实践教学中遇到困难，无法很好地整合新的教学工具，而且学生的技术应用能力也跟不上科技创新的步伐。如果高等教育不能充分将信息技术用于“教”和“学”的过程，那么就会对教师教学和学生学习的体验、效率和质量造成影响，因此需要加强有关技术方面的培训。

1. 教学活动质量受损

为适应数字化和知识经济的不断发展，美国高等教育积极推广并广泛应用数字和通信技术。在高等教育中，教师需要灵活运用多种教学平台，以满足学生不同的需求和教学风格。此外，教师也需要精准了解学生的需求和学习方式，并根据情况作出相应的教学调整。这对教师的技术应用整合能力提出了非常高的要求。教师若无法整合技术并缺少学院机构的技术培训和支持，这会影响教师运用信息技术开展教学的质量和效率。此外，学生对信息技术的应用水准，会决定其本身是否能够利用技术平台选择学习方式和形成文化偏好，并会对学习成绩产生重要影响。

2. 耗费师生教与学的投入成本

人和技术的结合程度，决定了教师的教学效果和学生的学习成效。在信息技术不断发展的背景下，教师应具备高水准的教学、社会、管理和技术等知识能力，如此才能提升高等教育中的信息技术教学效率和质量。从这一点来说，美国政府和高等教育机构应该为高等学校教师提供必要的技术培训和技术平台，使教师愿意耗费相应的时间、金钱和精力去学习和掌握知识。除教师需要耗费时间、金钱和精力之外，学生在接受信息技术培训过程中，也会投入相应的时间和金钱成本。

3. 缺乏友好的技术生态环境

数字技术是高等学校构建知识体系和开展教育教学的重要技术手段，但同时也对高等教育现代化发展带来相应的挑战。良好的技术生态环境是教师教学和学生学习所必需的基础。随着教育活动在简单易用的技术平台上不断展开，教师和学生对更高教育质量的需求不断增加，这也促使教育技术不断更新以应对教学和学习风格的不断变化。此外，获取学生学习数据和保护学生学习数据隐私，是教育技术开发过程中需要重点关注和解决的问题。

三、美国高等教育现代化发展战略的愿景

（一）保障机制愿景：加强问责制和数字技术使用

美国高等教育现代化发展战略需要可靠的保障机制，具体包括问责制和数字技术这两点。

1. 注重高等教育问责

一方面，美国高等教育围绕认证构建质量保障机制；另一方面，美国高等教育又围绕问责构建质量保障机制，旨在向消费者提供更加多样的市场选择，逐步改善高等教育质量。美国政府注重运用多样化的工具和策略强化高等教育问责制，实现高等教育现代化发展战略目标。高等教育质量与学生需求有着密切联系，在学生成为高等教育主要消费群体的背景下，美国政府和美国高等教育机构有必要完善高等教育质量保障机制。美国高等教育问责制主要围绕学生的学业表现来展开，这也是评估美国高等学校教育质量的重要依据。美国政府会选择能够反映学生学业表现情况的评价机制，以此实现提升美国高等教育竞争力和满足学生需求的目标。美国高等教育问责制的实施，依赖于外部力量和高等教育机构之间形成的监督和竞争关系，而不是单纯意义上的领导者与管理者之间形成的责任关系。

2. 依靠数字技术的保障

数字技术在美国高等教育中发挥的作用备受联邦政府的重视。在美国高等教育现代化发展战略中，数字技术的应用成为一项重要的保障机制，并呈现出不断发展的趋势。如今，数字技术在高等教育中的应用趋于成熟，这对高等教育的消费群体（以学生和家长为主）产生了直接影响。学生可利用数字技术获取高等教育信息，为之后的学业和就业做铺垫。美国联邦政府强调数据的公开和透明，即社会公众有权查询和了解，以此为选择合适的高等学校提供指导。全面推行电子政务可以优化高等教育行政效率，有助于节省教师、学生以及行政人员的时间和精力。随着信息数据的大规模公开，政府组织和教育机构必须确保可信的、安全的数据保障措施。美国联邦政府通过更新和调整积分卡使用制度，不仅向学生提供了所需的信息资源，而且优化了信息资源的整合与传播效率。此外，政府还计

划通过改善电子政务技术，对搜集的信息数据进行分类管理，从而保障用户隐私安全和国家信息数据安全。

（二）重点领域愿景：以科学、技术、工程和数学（STEM）教育和国际教育培养高素质人才

美国高等教育机构将推动国家高等教育发展作为目标和愿景，为高等教育消费者提供高质量的教育支持。未来，美国将继续致力于推动 STEM 教育和国际化教育的发展，为培养高水平、全方位的人才作出积极努力。

1. 重点实施 STEM 教育

美国政府高度重视 STEM 教育在创新中的重要性。美国政府主张本国民众都能接受高质量的 STEM 教育，以此在全球的 STEM 教育中居于领导核心地位。此外，美国政府还划拨了用于支持 STEM 教育的资金拨款，确保 STEM 教育中的科学、技术、工程和数学教育实现高质量发展，并增加 STEM 教育领域的就业机会。例如，美国政府推进实施的教育和劳动力发展项目，是用以支持高等教育和国家研发企业的项目，具体如支持提升 STEM 教育者的研发能力等。

未来美国政府将持续推进 STEM 教育，确保美国民众都能享受 STEM 教育，并推动 STEM 教育类型、形式的多样化，以及实现 STEM 教育的公平性，为美国社会培养更多的 STEM 人才。

2. 深化高等教育国际化

美国官方文件指出，有效的国内教育议程必须是致力于培养具有全球文化能力的公民。学生参与国际教育有助于拓宽其对全球文化的认知，同时也有助于提高美国在教育领域的影响力。美国高等教育非常关注国际化发展趋向。因此，美国高等教育机构在遵守政府制定的相关议程下，广泛推进实施国际教育计划和积极参与国际高等教育活动，寻求与盟国以及多边合作组织的战略对话；通过推广相应课程，提高学生对专业学科知识的掌握和理解能力，并增强学生在协作交流、跨文化沟通、多角度思考以及全球性参与方面的技能水平；加强美国教育，需要借鉴其他国家的成功经验，并与其合作，从中汲取教与学方面的经验与知识；借助积极的教育外交手段，促进美国在国际事务中的优先地位。掌握与不同国家的人民和政府进行交流和相互理解的能力，是外交中至关重要的一环。通过软实力外交所推行的教育和交流活动，可以在促进国际联系、维护全球稳定并促进各国繁荣等方面发挥积极作用。

第二节　英国高等教育现代化发展战略

一、英国高等教育现代化发展战略的特点

英国正在实施符合其本国情况和高等教育需求的先进战略。该战略强调教育公平和高质量教育，注重平衡教学与科研的关系，重视国际化和信息化等特征。

（一）强调教育公平和高质量教育

实现教育公平与提高教育质量，是当前全球高等教育改革中密切关注的问题。英国在推动高等教育现代化发展战略改革过程中，不仅致力于扩大高等教育规模，还致力于提高和保障高等教育质量。

1. 注重学生机会平等

高等教育的价值不仅在于对个人发展的投资回报，更体现在对社会的贡献和积极影响。自 20 世纪 80 年代以来，英国的高等教育规模一直在扩大，但弱势学生仍然存在获取高等教育机会不公的问题。由于贫困和资源匮乏等问题，英国社会底层阶级的学生很难获得高水平的教育，因此英国高等教育现代化发展战略强调对高等教育资源的公平分配，特别是关注弱势群体获得高等教育机会的问题。

随着英国高等教育机构发展更加多元化，英国学生在选择高等教育的地点和方式上拥有了更多的选择，同时也为弱势学生群体选择接受高等教育提供了支持。英国政府已对高等教育体系进行了改革，不再重点局限于小型机构中的学术精英教育，而是构建更广泛、更多样化以及更灵活的高等教育体系，为更多受教育群体提供帮助。这一变化体现了罗宾斯原则，即每一个具备能力的人都应该有机会接受高等教育。

2. 以质量建设为核心

高等教育的主要目标是为学生提供优质的教育教学服务，鼓励学生全面发展自己的能力，成为具备多种技能和素质的合格人才。如果高等教育缺乏质量保障，那么其就会失去生存的根基。英国高等教育的普及和完善，使英国民众更加关注高等教育的质量。早在 20 世纪 90 年代末，联合国教育、科学、文化组织（联合国教科文组织）在举办的“世界全民教育大会”中就指出，要兼顾教育质量和教育公平。21 世纪以来，英国政府将提升高等教育质量作为高等教育现代化发展战略的重点目标。如在 2011 年颁布实施的《把学生置于体系中心》，以及在 2016

年颁布实施的《知识经济的成功：卓越教学、社会流动和学生的选择》改革白皮书中，均表明政府将高等教育质量建设作为高等教育现代化发展战略目标的核心。一方面，英国政府通过高等教育机构之间的竞争来推动高等教育质量的提升；另一方面，英国政府通过构建以学生办公室为核心的监管体系，监督和评估高等教育机构的教学质量，确保每个学生都能从高等教育中受益。此外，英国政府还实施了“教学卓越框架”等措施用以监督和评估高等教育机构的教学质量。这些措施极大地提高了高等教育的质量，彰显了英国政府对改善高等教育质量的态度。可以预见的是，英国政府未来仍会针对高等教育质量问题作出改革调整，这也是英国高等教育在国际高等教育市场上获取更多生存利益、提高竞争力的重要依据。

（二）重视教学与科研平衡

根据英国政府颁布实施的《知识经济的成功：卓越教学、社会流动和学生的选择》改革白皮书可知，英国政府计划通过采取一系列改革措施来持续发挥英国高等教育体系的潜力，以确保英国的高等教育能在知识经济时代取得成功，并使一些著名的英国大学长期占据全球声誉排行榜前列。此外，英国政府还会不断优化高等教育体系，保持其开放多元性，以此提升高等教育教学质量。

1. 科研是高等教育的灵魂

英国的高等教育研究实力位居世界前列，具有真正意义上的世界影响力。自1901年以来，英国在化学、物理和医学领域贡献了多名诺贝尔奖得主，因此英国的学术研究质量也是处于世界一流水准。当前，英国仍然致力于吸纳世界各地的人才，并持续推动与其他国家的高等教育国际合作伙伴关系，以此不断提高本国高等教育的国际声誉度。

高等教育的显著特征之一便是强调科学研究精神。这一点，也是英国高等教育长期居于国际高等教育前列的重要原因。在英国，科研评估制度是确保科研质量的关键支撑，也是推动英国高等教育现代化发展的制度保障。可见，英国的科研评估制度有利于实现英国高等教育的学术自由和自我管理。近些年来，英国政府通过实施一系列改革措施，新建了各种规模和类型的研究与创新机构，并要求其对英国高等教育中的研究和创新工作展开全面管理。因此，这些研究与创新机构是确保英国高等学校科研质量的关键机构。另外，英国政府极力提升对科学研究的资金投入，这对于英国高等学校科研水平的进一步提高起到了积极作用，同时科研成果创造出了更多的价值，带来了巨大的社会效益和经济利益。

2. 教学是高等教育的生命

20 世纪 90 年代初期，英国政府为应对社会经济变化所带来的压力，开启了对高等教育市场的重组和开放，并通过引入学费的方式来应对挑战。英国高等教育的市场化满足了社会公众对高等教育的需求和期望，因此政府开始通过学生缴纳学费来资助高等教育，并在资助委员会管理的政府政策中引入了“市场化”这一概念。英国高等教育对外部环境作出的积极响应，使国家高等教育开始呈现出向大众普及的趋势，逐渐摆脱了过去的精英化趋势。随着学生缴纳学费的普及，英国民众期望在享受高等教育的机会的同时能够得到物有所值的教育回报。因此，英国民众更热衷于选择具有丰富高等教育经验的学校，而这也促使英国政府不断强化对高等教育的管理力度，确保为英国民众提供高质量的高等教育。

英国政府将推进高等教育教学质量改革作为高等教育改革的重要目标，如早些年间英国政府提出的引入“卓越教学框架”计划，就是为了激励高等教育机构向社会公众提供高质量的教育教学。在该计划中，英国所有的高等学校信息均面向社会公开，接受高等教育的学生可根据个人意愿自由选择高等学校，而这也就直接强化了英国高等学校的竞争意识，为全面发展学生的身心素质奠定了基础。

（三）注重国际化和信息化

21 世纪世界各个国家和地区的教育呈现出明显的国际化和信息化发展趋势。而在高等教育现代化发展进程中，高等学校正在同时受到国际化和信息化这两股力量的影响，由此进一步削弱了高等教育的边缘和分界线。毫无疑问，国际化和信息化的推动已成为英国高等教育现代化发展的基础。

1. 坚持高等教育的国际化发展

推进高等教育国际化发展，是英国高等教育现代化发展战略的重要措施。当前，全球经济一体化和国际联系程度日益增强，大学是否具备国际化水平已成为衡量其是否达到世界先进水平的重要标准。英国政府在制定高等教育现代化发展战略时，特别强调了国际化发展的重要性。英国的大学通过推进课程、学生和教师的国际化改革，致力于实现高等教育的国际化发展目标和提升英国高等教育的现代化水平。随着经济全球化进程的持续推进，英国越来越注重推动高等教育的国际化发展，认为高等教育国际化是英国高等教育在国际高等教育竞争中取得优势的重要途径。

2. 坚持高等教育的信息化发展

在当今社会，科技已成为推动国家创新和发展的重要力量，世界各个国家和地区都将教育信息化改革作为推动教育现代化发展的重要途径。现代技术的发展和普及推动了全球教育市场的发展，许多国家和地区都在践行“技术为教育赋能”的理念。英国的《教育技术战略：释放技术在教育中的潜力》指出，在人才培养过程中应用现代信息技术，能够有效提升高等教育质量。而在当前，新兴的信息技术包括云计算、大数据和互联网等，将其应用于高等教育中，能够加快高等教育现代化的发展。因此，英国政府更加重视“技术为教育赋能”这一理念，以谋求本国高等教育现代化的发展。

2001年开始，英国的高校信息系统协会每隔两年就会发布关于英国高校如何利用技术为教育赋能的调查报告。从这一点来看，现代信息技术对英国高等教育人才培养的影响在逐渐增加，而在现代信息技术趋于成熟和完善的背景下，英国高等学校的学生能够获得更加灵活和多样的学习方式，如通过慕课平台获取知识等。这也为建设知识型社会奠定了坚实基础，不断夯实学生终身学习的意识和素养，如英国的伦敦大学为实现教育信息化发展目标，推出了在线学位课程，在全球高等教育环境不断变化的趋势下，伦敦大学始终致力于为学生提供优质、有价值且知识渊博的学位教育。

二、英国高等教育现代化发展战略的挑战

在世界形势变幻莫测的情况下，英国的高等学校面临着许多未知的挑战和机遇。例如，受英国“脱欧”事件以及英国国家内部权力下放等的影响，英国的高等学校需要制定有意义和有价值的应对方案，以此确保高等教育的重要性和实用性。

（一）脱离欧盟导致的不确定性

毫无疑问，“脱欧”事件对英国高等教育事业的影响是深刻的。尽管英国的高等教育水平位居世界前列，但是在“脱欧”行动带来的诸多不确定性因素下，英国政府不得不重新规划和制定高等教育现代化发展战略。此外，生源流动、学术交流及高等学校国际排名格局变化等，同样会对英国高等教育造成影响。英国高等教育一直是国际高等教育的重要“生力军”，而脱离欧盟则直接影响了英国高等学校中教职员工的职业发展、留学生的学习状况与就业体验及科研人员的科研活动等，甚至会对英国大学海外分校的运营产生影响。当前，英国部分学者认为政府应该规划制定相应的高等教育现代化发展战略，包括进一步推动英国高等教育的国际化发展、解决移民计划与人才引进的问题，以及通过谈判确保能够持

续参与欧盟相关的研究计划等。

（二）职业技能人才短缺的挑战

当前，英国国内正在面临职业技能人才短缺的挑战，英国国内的一些民众更加关注英国高等学校对高级技能人才的培养与供给能力。根据相关的研究调查显示，由于英国的部分大学生会学习在工作领域中并不实用的科目，因此其在毕业后缺乏必要的工作技能。英国的用人单位也开始面临员工缺乏必要的工作技能的挑战。

从英国职业技能人才培养现状来看，来自科学、技术、工程和数学等理工科领域的高等学校毕业生，其职业技能较为匮乏或短缺。此外，根据英国国内机构或组织的调查研究，英国的用人单位迫切需要具备“STEM”技能的人才，而这种需要会在未来一段时间内保持上升势头。这就从侧面表明，职业教育能够推动社会经济的发展。英国、美国虽然同属发达国家，英国的职业教育发展历程较为曲折，并且起步晚和发展缓慢，而英国的“学徒制”在发展过程中更是遭遇了诸多挫折，甚至曾经陷入过衰退的境地。由于英国长期以来一直保持着重视学术背景、忽视技术技能的主流教育思想和价值取向，因此英国的职业教育发展进程相对缓慢。

一项由英国萨顿信托基金会于 2015 年进行的研究表明，相较于获得非罗素集团大学学位的学生，拥有国家资格框架中的 5 级高层学徒能够获得更高的终身平均收入，但是该报告还指出，相较于大学学位的价值，社会对学徒的价值认知仍然较低。2018 年，英国国家审计署开展了一项研究，发现虽然自 2011 年以来，STEM 科目的注册人数有所增加，但在满足劳动力市场需求方面，进展却并不尽如人意。举例来看，比起 STEM 学徒，更多的学生选择在生物科学领域学习，STEM 学徒短缺的问题几乎没有得到解决。

（三）市场变革进一步深化困境

如今，英国的高等教育机构已经完成了由政府主导向市场主导的市场化改革。由于英国高等教育的管理受市场机制的影响越来越深，因此英国高等教育越来越注重以高等教育消费者（即学生）为中心，保障其获得相对公平的回报和服务。自撒切尔政府离任以来，英国政府一直运用新公共管理理论来管理国家高等教育，因此英国的高等教育将重点转向了以注重经济效益为主。随着英国政府持续推进高等教育市场化改革进程，英国政府的放权管理模式在一定程度上赋予了英国高等教育机构更多的自主权，这可能导致英国的高等教育呈现出与美国的高等教育相似的特征，即趋于商业化和营利性质。此外，高等学校主张的学术自由和公民自由的能力会因新的高等教育政策受到削弱。

历史实践表明，市场并不能完全确保公民的自由权利得到保障。当前，包括英国在内的多数国家都在强调公共监管力度，特别是针对金融领域实施的公共监管。但同时，英国政府却又持续推进高等教育市场化改革进程，这就导致部分英国民众对高等教育的市场化和盈利模式产生担忧。随着学位授予型大学数量的增加，英国民众开始担忧英国高等教育所持有的信誉。如果市场更加注重高等教育的营利能力而非教育质量水平，很可能会涌现出许多劣质的高等教育机构，这也是英国民众担忧的一个问题。另外，单纯地将学生与教育机构之间的关系看作客户与服务提供者之间的关系，实际上是忽略教学性质的表现。当然，高等学校既具有商业交易功能，也具有服务社区功能。

三、英国高等教育现代化发展战略的愿景

英国高等教育现代化发展战略既存在显著的特征，但同时又面临着众多挑战。英国政府对制定的高等教育现代化发展战略抱有未来愿景，即确保高等教育现代化发展战略符合高等教育现代化的未来走势。英国政府就过往的高等教育现代化发展经验进行了总结，然后对高等教育现代化发展战略进行了前瞻性的规划，具体如下所述。

（一）充分发挥英国大学的潜能

高等教育主要是培养综合型、应用型的知识技能人才，也就是通常意义上的复合型高级人才。高等教育在推动国家经济建设和促进社会发展方面发挥着重要作用，为此英国政府需要充分发挥本国高等学校的优势潜能，既要确保高等学校的学生获得学位，还要鼓励学生为社会提供个人服务，真正意义上使高等教育成为学生实现个人价值和社会价值的平台，实现个人价值和社会价值的和谐统一。

1. 持续提供更多灵活学习方式

教育的根本目的在于促进人的全面发展。因此，高等教育也应将促进人的全面发展作为现代化发展战略的核心目标。虽然当前的英国高等教育存在生源数量相对减少的情况，但是根据英国国家统计局的最新数据显示，英国高等教育生源数量在未来的一段时间内会呈现明显增长的趋势。而随着英国民众对高等教育的需求意愿不断上升，英国政府明确提出要推出多样化的学习方式，并确保英国民

众能够随时随地接受高等教育，进而从高等教育中收益。2019 年 1 月，时任英国大学部长的克里斯·斯基德莫尔（Chris Skidmore）阐述了英国高等教育现代化发展的战略愿景，其中重点阐述了英国政府计划在 2030 年之前建立成年教育体系的目标，用以满足英国成年民众继续接受高等教育的需求。英国政府将努力推进高等教育体系建设，为成年人提供更多的弹性学习方式，使其能够按照个人意愿选择是否接受高等教育。英国的大学联盟组织曾提议，英国政府为英国民众提供终身学习和反复培训的方式，以此提高民众的知识和技能素养，为社会各行各业提供高素质人才。在此提议下，英国政府正在逐步扩大高等教育资源开放的范围，并逐步构建和完善多元化、多层次的终身学习网络体系，确保民众能够获得终身学习方式，加快推进本国高等教育现代化的高质量发展进程。

2. 全面提升大学社区服务水平

现代大学的价值和意义不仅在于教学和研究，更在于其在社会服务中发挥的作用。英国大学总裁朱莉娅·白金汉（Julia Buckingham）呼吁英国政府在衡量大学学位价值时应综合考虑多种因素，而不应只是考虑毕业生的收入水平。英国政府将充分利用英国大学的潜力，以确保高等教育在英国社会中发挥的价值。在当前时代，英国大学需要依赖其所处社区的有力支持来实现目标。而在未来，英国大学将会进一步强化社区服务水平，积极承担在社会中的职责和功能，主动解决区域经济发展不均衡等系列问题，体现高等教育服务于社会的价值。

一项来自英国伦敦慈善机构的报告指出，为了促进英国各地区的经济、社会和环境发展，英国政府应设立“公民大学基金”，为大学提供 5 亿英镑的资金。这一举措旨在鼓励英国大学优先考虑所处地区的利益和发展状况。英国国内的一些大学还计划加入公民大学协议，以此实现与地方政府以及利益相关者的合作，共同推动区域高等教育的普及和发展。

（二）全力促进社会公平和正义

推动高等教育在全社会的普及，关键是要坚持公平和正义，这样就能确保社会公众接受高等教育，进而带动社会分支体系（如经济体系）的发展。英国政府表示，将继续加大高等教育促进社会公平和正义的力度，但在目前英国政府需要妥善处理本国高等教育存在的机会不公平问题，既要保障高等教育生源数量，又要确保接受高等教育的学生获得应有的权益。

1. 继续改善教育机会均等

尽管英国政府向来重视高等教育的机会均等问题，但实际上当前的英国高等教育仍然存在机会不均等问题。因此，英国政府将会继续健全高等教育体系，使其在促进社会流动、推动经济增长和塑造文化景观等方面发挥应有作用。由于英国的高等教育仍然有待实现向上的社会和经济流动性等目标，因此在未来的一段时间内，英国政府将会持续推动高等教育的机会均等化，并将其作为英国高等教育现代化发展的战略愿景。例如，为保证英国大学能够做到机会均等，英国政府会从改善学生关系和缩小留学生之间的学业差距等方面入手。而根据英国高等教育机会与学生成果转换中心的目标规划，英国将会逐步消除高等教育领域存在的不公平现象。如今，英国政府通过向高等教育机会与学生成果转换中心的学生事务处提供资助，确保了英国民众平等接受高等教育的机会，由此提高了英国社会的高等教育入学率。

2. 特别关注学生心理健康

一些英国大学生在接受高等教育的过程中常会面临巨大的挑战和压力，特别是英国本土或在英国留学的黑人学生、少数族裔学生、经济贫困学生、残疾学生，其更容易在接受高等教育过程中产生心理问题。目前，世界各个国家和地区的教育人士都极为关注大学生的心理健康和精神状态，英国政府更是将改善学生福利和解决学生心理问题，列为未来英国大学发展的重点目标。因此，大多数的英国大学将为产生心理问题的学生提供必要的资金和人力支持，并将所花费用纳入高校财政预算。

在英国有近半数的博士研究人员表示其自身可能患有精神和心理问题。为此，英国政府表示将加强高等教育机构之间的合作关系，重点就博士研究人员的心理问题和福利待遇展开合作交流，并制定适合博士研究人员身心发展的政策。2020年3月，英国政府投资100万英镑，用以资助旨在关注学生心理健康的项目，该资助项目促进了英国大学与英国国家医疗服务体系、相关慈善机构之间的合作，有效地解决了英国学生在接受高等教育过程中产生的心理问题。

第三节　日本高等教育现代化发展战略

一、日本高等教育现代化发展战略的特点

日本政府基于本国的国情和社会发展需要，在坚持强有力领导的理念下，使高等教育现代化发展战略呈现出“自主性”，是积极探索西方高等教育与日本高

等教育有机结合的结果，既适应了社会发展的多元化需要，又提升了本国的高等教育质量。

（一）政府治理高等教育由分权向集权的转变

日本的现代化呈现出“后发外生型”的发展特征，该模式强调日本政府通过“集权式”领导推进现代化进程，尤其表现在明治维新时期、第二次世界大战后和 21 世纪以后。

在幕府的统治下，日本政府采用分散的地方教育管理模式。至明治维新时期，日本政府开始推进社会政治制度改革，这种分权管理模式逐渐削弱，取而代之的是中央集权式管理模式。日本在中央政府层面上设置了强有力的新行政机构，在地方政府层面上则实施“废藩置县”的举措，从而确保了地方教育行政机构完全受控于中央政府。1871 年，日本政府新设文部省，旨在集中、统一管辖日本的学政系统。至此，日本政府正式建立了中央教育行政机构和“金字塔”式的教育行政网络。从 1871 年开始，日本明治政府不断推进教育行政改革，日本的教育行政机构呈现出“国家主导”和“中央集权式”的特征。在高等教育现代化进程中，日本中央政府扮演着“主导型”的角色，从而加速了日本的高等教育学校体系与制度模式向西方现代化方向的迈进，但日本的中央政府又深受军国主义思想和皇家主义思想的影响，从 19 世纪 70 年代开始至 20 世纪 40 年代中期，日本的高等教育现代化体系遭到严重破坏。

在第二次世界大战结束后（1945 年），日本政府借鉴美国的教育行政体制，建立了“民主”“独立”和“分权”的教育行政体制，但是在 20 世纪 50 年代初期，由于受到反民主潮流运动的影响，日本政府建立的这一教育行政体制趋于动摇，这就使日本文部省的中央教育行政机构的权力重新集中起来，而地方教育行政机构的权力则受到削弱。事实上，中央教育审议会的成立同样表明了日本文部省的中央教育行政机构的权力得到加强。在日本文部省的管理下，日本的中央教育审议会逐渐成为巩固日本文部省集权的主要组织。在这之后，日本地方教育行政机构的权力受到日本中央政府的约束。20 世纪 80 年代兴起的“教育自由化”思潮，使日本政府公开实行“灵活化”的教育行政管理措施，而这实际上是进一步强化日本中央行政机构权力的体现。

尽管进入 21 世纪，日本的教育行政体制仍以“集权式”为主，但是自 2006 年起，日本政府通过修订《教育基本法》，进一步削弱地方教育行政机构的权力，加强中央政府对地方教育行政机构的管理力度。可见，在日本的高等教育现代化进程中，其中央集权式的教育体制的确存在弊端，但总体来看，这一教育体制又能确保日本实现高等教育现代化目标，是日本实现高等教育现代化的关键影响因素。而与“先发内生型”的欧美发达国家实现的高等教育现代化相比，以日本为代表的“后发外生型”国家采取的是一种“加速压缩式”的高等教育现代化发展战略，这本质上是欧洲发达国家实现高等教育现代化的一种缩影。在缺乏权威的中央集权政府来主导和监管的情况下，想要在传统社会的基础上短时间内建立高等教育现代化体系，那么将会变得异常艰难。因此，日本的高等教育现代化的成功转型和发展，很大程度上得益于中央政府的积极参与和中央集权的有力支持。

（二）从“被动式”向“自主式”的道路转变

“后发外生型”国家的高等教育现代化往往是在受到强制压力的情况下才开始的，即由于受到压迫、侵略和威胁等外部因素的影响，才被迫进行改变，然而在这种“被动式”的发展过程中，“后发外生型”国家逐渐形成了自主独立意识，于是开始寻求摆脱外部因素的影响，转而尝试基于本国的文化构建符合本国国情的现代教育模式。在日本高等教育走向现代化的历程中，共经历了三次“被动式”的改革，但是这三次“被动式”的改革也体现了日本政府寻求走向“自主式”的发展道路。

明治维新时期是日本政府第一次对高等教育进行的“被动式”改革。这一时期，日本政府采取“殖产兴业”“富国强兵”和“文明开化”等国策，旨在推动国家的独立和发展。这些国策的实施使日本现代高等教育制度开始形成，推动了日本现代高等教育的课程设置和机构成立。这一时期的高等教育现代化体现出了自主性与主体性的特征，日本政府的统治者精心设计了高等教育现代化制度，也选择了与日本国情相适应的高等教育现代化模式。

第二次世界大战后至 21 世纪之前，是日本政府第二次对高等教育进行的“被动式”改革。虽然这一时期的日本政府仍然是在外力因素干扰下进行的“被动式”改革，但是由于日本国内的教育力量发展壮大，一些教育人士开始争取教育改革的主导权。

21 世纪之后是日本政府第三次对高等教育进行的“被动式”改革。“就改革的动因而言，如果第一次和第二次改革以被动为主要特征的话，那么第三次改革最明显的特征是主动性。”① 在这一时期，日本政府针对高等教育进行的“被动式”改革呈现出较为鲜明的“自主式”特征。为适应日本国情和高等教育发展的需要，

① 胡建华．战后日本大学史[M]．南京：南京大学出版社，2001.

日本政府提出了一系列重大改革措施，如改革国立大学教育体制、推进高等教育的国际化和信息化、培养具有国际视野的人才及注重提升高等教育质量等。这些改革措施也能够反映日本高等教育制度存在的本质问题，表明了日本高等教育现代化发展的“主动式”和“主体式”特征。由此可见，日本高等教育现代化发展战略的一个重要特点是从“被动式”改革转变为“自主式”改革。日本政府积极地吸纳和消化了外部的影响，为自身独立发展打下了坚实的基础，并构建了一套符合日本国情的高等教育现代化发展体系。

（三）实现“西方化”与“日本化”有机结合

在日本高等教育现代化发展过程中，主动选择、吸收和转化西方要素是反映日本高等教育实现主动式和主体式发展的重要表现。日本政府对西方要素进行的本土化改造，与日本政府实行的传统的西方化改革一同构成了日本现代化发展的过程，二者相互促进、影响和制约，存在既彼此对立又相互统一的关系。因此，在日本高等教育现代化发展过程中，一直存在着“西方化”和“日本化”有机结合的发展特征。

在日本高等教育现代化发展的初始阶段，日本的高等教育就出现了“西方化”和“日本化”有机结合的发展特征。“明治维新”初期，日本政府便主张实施“洋”“和”结合的策略；至近代高等教育改革初期，日本政府转而寻求符合新治理理念和本土文化特色的教育模式；而到了 19 世纪 80 年代，日本国内的部分人士开始研究美国和英国的自由主义思想。英国学者哈德罗 · 珀金（Harold Perkin）曾指出，日本人对于德国大学的模仿是具有高度选择性的，并且认为他们对大学进行改造，以适应自己民族的需要①。日本政府借鉴了德国的大学模式，并且融合了普鲁士的爱国主义思想，使日本的高等教育具有鲜明的“日本化”特征，也使日本现代高等教育始终呈现出“应国家之需”的本质特征。

在第二次世界大战后，日本依然保持着“西方化”和“日本化”有机结合的发展特征。尽管日本政府被动式地选择和接受了美国高等教育模式，但日本的高等教育发展模式仍然带有鲜明的“日本化”色彩。例如，在 20 世纪 40 年代，日本政府借鉴美国发布的《教育基本法》，确立了“民主”“独立”“爱好和平”等理念，最终或是被有意弃置，或是被敷衍应对，致使日本的高等教育现代化长期受到中央集权式思维的影响。此外，日本政府受美国影响实施的“一府县一大学”

① 克拉克 . 高等教育新论：多学科的研究 [M]. 王承绪，徐辉，郑继伟，等译 . 杭州：浙江教育出版社，2001.

高等教育原则，同样没有完全摆脱日本大学在“二战”前的地位。因此，日本高等教育现代化体系仍然维持着“金字塔”式的等级结构。

21 世纪之后，日本政府仍然坚持推进“西方化”与“日本化”相结合的高等教育现代化发展战略。2004 年，日本政府针对国立大学实行的法人化改革并没有消除日本传统文化中存在的等级观念，也因此，日本的大学并没有在统一的起跑线上。整体来看，日本政府将“日本化”作为高等教育现代化发展战略的一部分，其仍然起着积极的作用。这是因为“日本化”是对引进的西方模式的本土化改造，其旨在改革本国的教育制度，推动本国高等教育现代化模式的转型，即实现“后发外生型”发展。

二、日本高等教育现代化发展战略的挑战

目前，全球形势的急剧变化和日本国内形势的转变，致使日本高等教育呈现挑战与机遇并存的局面，因此，日本高等教育通过制定具有远见卓识的战略规划应对诸如高等教育生源不足、入学机会不平等、科技体制改革滞后等问题。

（一）高等教育生源不足

在日本，由于高等教育生源数量逐年下降，因此一些私立大学和地方大学被迫降低招生标准和要求，确保能够正常开展高等教育。这种做法虽然有效，但会导致学生的入学水平参差不齐，也会引起日本民众对“教育质量绝对化”的呼声。可见，日本大学的生存空间遭到极度压缩，而日本的高等教育现代化发展也不得不应对“发展困难”和“人才质量不佳”的双重挑战。一些日本学者建议，日本的高等教育要想实现现代化发展，就应该进行更为长期和有效的改革，调整学科结构，以满足不断变化的人才需求，解决因学生不足而导致的教育质量下滑问题。面对高等教育生源短缺问题，日本政府提出了一些解决方案，如改善日本大学的发展环境、提高日本大学科学研究的自主性、完善高等教育结构等。

（二）入学机会不平等

随着日本大学的招生标准降低和要求日渐宽松，越来越多的学生获得了进入大学的机会，但是在日本高等教育入学不公问题逐渐显现和加剧的情况下，日本的高等教育面临着一系列的挑战，日本国内的一些学者开始针对这一情况展开广泛探讨，并着手提出相应措施和解决方案。实际上，日本国民对高等教育公平性问题的关注和讨论也在上升，日本文部科学省也明确表示需要制定针对性的政策

来应对这一挑战。

来自日本东京大学综合教育研究中心的小林雅之，曾就日本高等教育入学机会不公现象提出个人看法，认为之所以出现这一现象，是因为受到 20 世纪 90 年代泡沫经济的影响。而伴随着日本国内部分家庭经济收入的持续恶化，一些学生很难支付高额的入学费用。虽然日本国内的一些大学逐渐降低了招生标准，但是由于日本国内适龄生源数量的减少，以及部分家庭经济收入的持续恶化，不同群体和阶层之间享有的高等教育机会存在显著差异，从而导致入学机会不公现象的出现。随着日本社会阶层收入差距的不断扩大，日本国内的部分学生因家庭经济拮据不得不放弃接受高等教育的机会，从而导致日本国内的大学面临生源数量减少的窘境。日本国内的部分学者曾就日本的社会分层与流动现象展开研究，他们发现“理应平等的教育机会，实际上却根据出身阶层而异”①。实际上，父母学历、职业经历和家庭收入这三种家庭背景因素，都会对日本适龄学生接受高等教育的机会产生影响。尽管日本在国民总收入和人均国内生产总值方面位居世界前列，但对于日本的普通家庭来说，接受高等教育仍是一笔不小的开销。对于一个制度完备、法制成熟、社会自律和他律水平较高的国家来说，日本政府理应重视并认真对待这一政策诉求问题。

（三）科技体制改革滞后

虽然日本政府强调“技术创新”模式与科技体制的融合，但是由于日本政府长期实行科技管理体制，因此日本的科技体制改革未能及时跟进技术创新的步伐，这在一定程度上抑制了日本技术创新发展的进程。从机构的类型和组织主体来看，日本的科学技术研究机构大致分为三个主要系统，即产业机构系统、政府机构系统和学术机构系统。

日本政府通过构建并实施“民间主导型”研学研究管理体制，将科研活动集中在产业部门，而非高等学校。日本政府高度重视科学技术研发工作，并致力于相关政策的引导。由此可见，日本政府是将工作重点放在短期内可以获得巨大经济效益的科技研发领域。日本的科研活动呈现出较强的应用导向特征，既有政府主导的“自上而下”科研体制，也有民间主导的科研管理体制，但是这也会使日本政府对一些需要长时间、存在风险或不会立即产生经济效益的科研项目置之不理。

① 文东茅．家庭背景对我国高等教育机会及毕业生就业的影响[J]．北京大学教育评论，2005(3)：58—63.

三、日本高等教育现代化发展战略的愿景

日本政府在推进高等教育现代化发展战略方面具有独特之处，但也面临诸多的难题和挑战。在此背景下，日本政府提出了高等教育现代化发展战略的愿景，主要表现在以下几个方面。

（一）竭力确保高等教育质量提升

随着高等教育现代化改革的潮流不断向前奔涌，日本政府努力改善高等教育质量，并关注高等教育质量评价保障体系存在的问题，打消日本民众对高等教育质量评价保障体系的疑虑，从而推动日本高等教育现代化的持续发展。来自经济合作与发展组织（经合组织）的研究显示，日本高等教育现代化发展程度与技术社会对教育的要求不相适应。基于此，日本政府对高等教育现代化发展方向进行了重新规划，并提出建立质量保障机构这一应对措施。

1. 支持大学分类发展

日本的教育系统面临经济不景气和人口老龄化带来的双重挑战。日本政府实行的“选择和集中”政策，是在教育财政划拨紧张和“规制缓和”的双重影响下，选择向个别高校提供集中性的教育财政支持，这导致部分规模较小的大学面临破产的风险。对此，日本高校更加重视教育质量，不断完善改革措施。根据一些研究报告的调查结果显示，日本国内现有的国立大学教育质量水平参差不齐，只有少数几所能够与世界一流大学展开竞争。日本的高等学校大致归为三类：一是位居国际高等教育先进水准的高等学校；二是专注于研究的高等学校；三是区域性的高等学校。一些日本学者建议加强区域性高等学校与该区域政府的联系与合作，以优化高等学校的社会服务功能，从而促进该区域教育质量的发展。日本的私立高等学校是以教学为中心，其为不同职业领域开设了多样化的专业课程，以此改善和优化教学质量，引导学生更加高效地实现就业目标。

2. 保障高校工作效率

来自经合组织的研究显示，日本政府实施的高等教育现代化发展战略，有效地改善了日本高等学校的自主地位，并且为日本高等学校提供了良好的学术交流环境，但是日本政府仍然需要健全国家级高等教育质量评估指标体系，改进高等学校的教育教学质量。在这一要求下，日本政府明确了更加清晰的高等教育现代化发展方向，如不断完善高等学校的质量评估指标体系等。

2016 年日本政府设置了日本大学学位授予与高等教育质量提升机构，该机构用于管理日本大学的财务和管理中心，并对日本大学的学位授予和评价机构进行

整合。此后，日本政府又促进了日本学力评价机构与日本高等教育认证和评估机构的合作，在有效收集和整理日本高等学校活动信息的同时，进一步推动了日本高等教育现代化的发展。日本的学力评价机构利用高校发布的研究报告、国际合作网站，在数据化技术手段的加持下，为高等教育机构及其内部管理人员提供准确可靠的信息，以便提高行政管理水平。此外，日本学力评价机构还集中搜集和整理日本高等学校的管理信息，同时建立高等教育信息公开机制，以此优化高等教育质量评价信息利用率。该机制还是日本学力评价机构项目持续研发的重要工具，有助于确保日本高等教育质量的提升。

（二）全力促进大学国际竞争实力

日本政府将会加大对高等教育政策实施效果的保障力度，以此跟随新时期的高等教育现代化发展趋势，更好地应对国内人口老龄化危机对高等教育带来的挑战。此外，基于“规制缓和”“卓越变革”与“国家未来”等系列原则，日本政府启动了多项援助计划，旨在推进本国高等教育的自由化、特色化和顶尖化发展，巩固和提升日本国内的大学在国际大学竞争中的地位。

1. 接轨国际市场，扩大招生来源

鉴于适龄学生数量持续减少的困境，日本高校正着力从内部寻找潜在生源，扩大招生规模，同时积极组织校内培训活动，让教职员工和退休福利人员共同参与。日本一些知名的高等学校（如东京大学和早稻田大学），专门设立了向在职和退休员工提供硕士课程的研究所，以此来实现既定的招生目标。除此之外，日本政府还在积极推动国际市场的融合，以增加留学生来日本深造的数量；而与全球教育市场的整合，更是显著提升了日本高等教育的国际竞争力和发展活力。另外，日本的福田康夫（Fukuda Yasuo）曾在公开演讲中指出：日本政府应该完成“接纳 30 万留学生计划”。该倡议旨在解决日本劳动力市场存在的人才资源匮乏问题，以及避免出现因高等教育机构生源短缺而导致的社会危机。该倡议之后也被日本政府所采纳，逐渐提高了本国高等教育在国际高等教育中的声誉度，也使得本国的高等教育学位具备了在国际范围内的通用性。

2. 提高研究水平，打造特色道路

日本政府通过提高大学的科研水平，用以满足知识经济时代各行各业对人才的需求，从而构建适合本国高等教育发展的道路和模式，提高本国大学在国际上的竞争力。由日本文部科学省颁布实施的《大学（国立大学）结构改革方针》，为日本中央教育审议会推进和落实教育振兴计划奠定了基础。该方针围绕“教育

立国”展开，首次出现在咨询报告中。该方针包含日本高等教育未来发展的目标，即培养日本社会所需的、具有知识素养和专业技术的人才。另外，该方针还提出适合国家发展的六个重点目标，并指出要充分发挥国家的科研能力和高等教育办学能力，加快推动国内的大学建设成为国际一流大学。

由于日本国内的老龄化危机和劳动力短缺危机进一步加剧，因此在日本社会长期存在的终身雇佣制度逐渐瓦解，而为了适应日本产业结构调整的需要，日本政府将会继续推进高等教育课程设置改革，具体如调整大学内部的学科体系和院系结构，实现多样化和特色化办学等。

第四节　德国高等教育现代化发展战略

从历史角度来看，德国高等教育现代化的演进过程是一系列因素交错与交织的结果，包括宗教、国家和地方、民主与专制以及文化激进与保守等因素，是由人为主导的一系列因素的碰撞与冲突，其不仅受到必然性和偶然性因素的影响，而且在民族性和世界性方面具有相通的特点，即高等教育现代化发展的曲折性和前进性，体现了德国高等教育现代化发展的壮阔历程。

从国际角度来看，德国高等教育现代化发展战略是应对国际复杂环境的必然要求。高等教育被认为是国家发展的重要战略引擎，德国高等教育的现代化发展对推动德国在政治、经济和文化等方面的现代化发展起到了至关重要的作用。德国高等教育的现代化不仅丰富了德国民族的文化底蕴，提高了德国民族的整体素质，而且激发了德国民众实现强国的雄心，从整体上提升了国家的核心竞争力。

从战略角度来看，德国高等教育现代化发展战略强调了人才竞争对于国家、社会和民族发展的重要性，其坚持推进人类社会现代化发展的理念，统筹考虑了国家的可持续发展、社会的创新潜能以及高等教育的时代使命。德国制定的高等教育现代化发展战略，是综合各方面因素考量、统筹安排的结果，既关注国际发展趋势，又紧密结合国内社会实际发展，进一步推进了德国高等教育现代化的发展。

综上所述，为了推动高等教育现代化的发展，就需要充分发掘国家内在发展的潜力优势，并探索出以国情为基础的可持续发展模式和路径，避免受限于现代化发展的狭窄模式和路径。因此，对于推进德国高等教育现代化发展进行的战略性思考显得极为必要，其可以帮助我们深入了解德国高等教育现代化的整体情况，通过进行系统性分析，为我国高等教育现代化的发展提供正确的评估和指导。

一、德国高等教育现代化发展战略的特点

在德国高等教育现代化发展过程中，德国社会各界人士对高等教育的发展和改革都抱有很高期望。因此，为适应社会的发展和高等教育的实际需要，德国政府实施了一系列战略规划和引导措施。这些战略规划和引导措施是由联邦政府和州政府共同制定的，既考虑了高等教育的国际化和数字化发展方向，又强调了高等教育对创新发展的重要性，还注重提升高等教育的质量和公平性。

（一）发挥联邦与州政府的协同作用

在德国，联邦政府和州政府扮演着重要的角色，成为国家和地方合作开展高等教育的主要机构。这种合作对德国当前高等教育的改革与发展具有至关重要的影响。德国的高等教育管理体制主要是集权与分权的混合制模式，即中央政府、地方政府和教育机构共享高等教育的决策和管理权力，同时强调国家干预和市场调节力量。因受到新管理机制的影响，21 世纪以来，德国高等教育现代化发展战略的显著特点之一是联邦政府与州政府之间合作关系的调整和加强。

1. 凸显高等教育政策制定的科学性与协调性

德国联邦宪法规定，教育事业可以由州政府独立地进行管理，但是要接受联邦政府的监督，此外州政府负责制定和管理教育、科学领域的法律规定。联邦教育与研究部负责行使竞争性立法权和框架立法权。在行使竞争性立法权时，如果联邦政府没有针对某一教育领域进行立法，那么州政府就有权独立行使立法权；如果联邦政府通过法律，那么各个州政府应该遵守联邦政府的法律，并制定相应的规定。当行使框架立法权时，联邦政府先是确立高等教育的基本原则，再与州政府就共建高等学校、参与跨地区的教育规划和科研事务等展开合作。在德国，州政府有权独立管理教育事务，并且有权与其他州政府一致协商教育政策的基本原则。因此，在德国高等教育现代化发展的过程中，加强联邦政府和州政府在高等教育政策制定方面的协调性与科学性是必不可少的。

举例来看，为了达到“更加高效的国家研究体系”的目标，德国联邦政府采取了众多措施，其中就包括制定高等教育政策这一重要措施。德国联邦政府通过修改《基本法》第 91（b）条第 1 款，提高了联邦政府与各州政府之间的协同能力，促使高等教育机构获得了长期效益。具体来说，为确保高等教育政策的科学性和协调性，德国联邦政府和各州政府首先建立了更加畅通的沟通渠道——各州

教育部长联席会议，其可以有效协调各州政府的教育政策和实施措施；此外，德国联邦政府和各州政府还以立法形式严格规定了高等教育的决策范围和权限，以此确保高等教育政策制定的规范性和约束性；最后，高等教育政策和决策的参与者（包括各行各业的人士），其享有的权利在文件中也得到了明确规定，并且参与方式或渠道也有严格的规定。

2. 提升高等教育政策落实的有效性与可持续性

要确保高等教育政策的有效实施，联邦政府和州政府之间需要开展紧密的协作和沟通。在德国，无论是联邦政府还是州政府，都极为注重对政策实施的监管和评估。根据政策文件《教育、科学与研究的国际化》，要使教育、科学和研究国际化成为现实，必须建立可靠而又覆盖广泛的信息基础。为此，德国政府采取了国家监管措施，以此实现与国际进程更加紧密地配合。除了调整政策内容，德国政府还努力改进和加强了相关流程的协调性，以减去冗余程序。此外，德国政府还于 2017 年起每两年向联邦议院报告国际（包括欧洲）在教育、科学和研究方面的合作状况，以确保政策的顺利实施。

在高等教育政策实施方面，德国联邦政府主要通过划拨资金来提升高等教育政策的影响力。例如，德国的高等学校应该依据德国财政预算立法委员会作出的量化测评决议，并在按照规定程序向国家财政预算立法委员会提交财政预算申请的基础上获得资金拨款。同时，作为公立高等学校的主管部门、事务管理者和监管机构，德国州政府在推行教育政策方面有独特的优势。具体而言，即德国州政府通过调控高等教育机构的预算管理、经费审批、人事调整和专业监督等，推动高等教育机构建立创新性、可持续性的发展规划。

（二）注重高等教育国际化和数字化

以要素流动为核心特征的国际化是高等教育的本质特点，而数字化则在推动高等教育现代化发展中发挥着重要作用。从全球高等教育的发展趋势来看，数字化已成为推动高等教育国际化不可或缺的因素之一。德国政府将数字化作为推动高等教育信息化发展的核心因素，因此德国的高等教育正在朝着国际化和信息化的方向迈进。随着国际化和信息化的融合发展，德国的高等教育现代化发展进程正在加速推进。

1. 坚持高等教育的国际化发展

在博洛尼亚进程以及欧盟项目的推进下，德国逐渐深化了参与全球知识经济的愿景，这也使德国高等教育的国际化发展备受瞩目。因此，推动高等教育国际化进程成为提高德国高等教育竞争力的重要措施。21 世纪以来，德国通过一系列改革措施，包括调整课程、内容、学制、留学、教师等制度保障和资源配置，致力于建立完善的高等教育国际化发展体系。德国在全球范围内借鉴了经合组织、联合国教科文组织和欧盟等机构提供的框架模式，特别是借鉴了跨境高等教育品质的指导方针以及“欧洲高等教育区”的目标。

德国的联邦教育及研究部联合德国的外交部共同致力于将德国打造成为全球精英中心。为与国际高等教育制度接轨，德国政府实行了学士和硕士分层的制度改革，并借助中介机构的力量扩大高等教育的文化影响力，但是德国政府仍需进一步提高外国教育机构在进口教育方面的作用，不断完善出口和颁发海外学位等措施。德国政府分别就国际、国家和大学这三个层面制定了建设性、完整性、联系性和共生性的战略规划，并且在促进高等教育国际化发展方面收获颇丰，加快了本国高等教育国际化的发展进程，高等教育现代化发展战略也更好地纳入了国家宏观战略范畴。德国的高等教育国际化具有显著的实践发展特征。例如，德国政府颁布的《教育、科学与研究的国际化》，重点关注德国的科学、研究和创新在国际中的地位，激发了涉及科学、商业和政治等领域的利益群体参与高等教育国际化的热情。因此，德国的高等教育国际化又与政治、科学和商业等领域密切关联。

2. 坚持高等教育的数字化发展

伴随着数字化的转型发展，德国已形成了以信息为基础、智能的、高生产率和高度联网的发展模式。此外，德国的数字化转型发展还出现在高等教育领域，德国高等教育的数字化转型发展，使“教”与“学”的方式发生变革，也推动了现有职业的“升级”，一些新兴职业悄然来临，这对德国高等教育学习者的学习能力和学习意愿提出了新要求。

面对这一发展趋势，德国联邦教育及研究部注重发展“数字教育”，并将其与“职业教育”“高等教育”统一纳入考虑范畴。实际上，“数字教育”的根本目的在于推动公民主动融入数字化环境中，而并非单纯意义上的教育工具和资源的数字化。也因此，德国政府注重高等教育的数字化发展，并将其作为实现高等教育现代化发展的重要环节。

2016 年开始，德国政府陆续颁布并实施了《数字化战略 2025》《面向数字化知识社会的教育行动》《数字化未来：学习、研究、知识》等政策文件，着重指出要培养高素质专业人才以及构建教育数字化网络设施，深化高等教育机构对数字化网络设施的应用程度，以此推动高等教育的数字化发展。

例如，在《数字化战略2025》中，德国政府着重强调了培养高质量专业人才的重要性，并将高质量专业人才作为推动经济创新和竞争的关键因素，而高等学校则是培养数字化创新人才的核心机构。具体而言，该文件共列举了四项措施：第一，德国政府会逐步强化学科部门建设和尖端学术机构建设，如强化第三方资助机构与经济界的合作力度；第二，将信息学、数据分析和互联网纳入跨专业教学范畴，并面向人文科学等学科专业开放，深入推进科学知识与经济、政治的评估和控制能力的融合；第三，增加高校创业扶持项目，加快推进尖端科技与经济界的融合；第四，持续开发在线教学课程，将其融入专业学习中，实现混合式教学模式。

二、德国高等教育现代化发展战略面对的挑战

高等教育现代化是汇集制度、理念、实践等因素的综合体，这就决定了其会受到国际形势和国内局势的影响。德国的创新能力位居世界前列，但面对全球政治极端化、移民与难民问题、欧洲高教一体化和工业4.0建设等复杂挑战，德国必须采取积极措施，推动高等教育现代化进程。

（一）移民与难民问题激起社会文化冲突

德意志民族历来重视“文化”在建构民族认同关系中的作用。在德意志民族实现统一后，“文化国家”逐渐成为德意志民族的广泛共识。“德意志联邦共和国”是具有“文化自信”的国家和民族。在德国的现代化发展历程中，“文化”发挥着不可或缺的作用，成为促进民族共识的精神纽带，塑造了民族共同体意识，建立了广泛的民族传统核心价值共识。这些价值共识在德国人的思想观念中具有重要的地位。自21世纪以来，德国已成为一个真正的移民国家。德国因其“欢迎文化”而受到赞誉，更是积极接受和对待难民，然而受欧洲“难民潮”的影响，德国民众的文化心态发生微妙变化。由“难民潮”带来的难民和移民等问题，也使德国民众对国内的政治博弈感到不安，进一步深化了“多元文化取向已经死亡”的文化共识，德国民众对德意志民族能否继续保持“多元文化社会”怀有疑虑。

直到现在，德国政府仍然需要直面和解决已有的移民和难民问题。实际上，移民和难民问题对德国的高等教育也造成了一定影响，如难民和移民的涌入是否会冲击本国的语言和文化等教育体系，政府是否会加大对高等教育的财政投入力度，难民和移民是否会主动融入主流文化社会等，这些问题都对德国高等教育的现代化发展产生了不容忽视的影响。随着移民和难民问题越来越复杂，不同的社

会文化观念之间的冲突会给德国高等教育现代化发展带来潜在的负面影响。为此，自2015年以来，德国政府的教育战略和指南特别强调了移民和难民的高等教育发展，并将其列入重要的战略规划和布局之中。例如《教育、研究与科学的国际化》中的克服全球挑战部分，详细介绍了针对难民和移民教育的具体行动目标和措施安排。此外，德国学术交流中心通过推行“难民专业学习融入”计划，不仅能够帮助难民成功进入大学学习，而且可以促使德国高等学校提供更多的语言和专业课程，健全和完善德国高等学校提供咨询服务的组织架构。综合来看，得益于高等教育的愈合能力，德国可以有效弥合由多元文化观念碰撞冲突而引发的社会危机，缓解日渐加剧的社会矛盾。

（二）工业4.0建设加快导致的人才紧缺

德国正在加快推进本国产业的转型升级步伐，深入实施数字技术等新兴行业发展政策，避免出现因“路径依赖”造成的负面影响，有效应对国际市场的竞争和挑战。如今，德国政府更加重视高等教育机构在培养高素质人才和技能型人才中的作用。

德国在理工科领域，如医学、技术、工程和数学等方面的表现并不尽如人意。随着大数据和数字化等新兴科技领域的蓬勃发展，德国对高水平人才的需求变得非常迫切。在加快推进工业4.0建设过程中，高层次技能型人才短缺折射出德国高等教育在培养基础应用型科技人才方面的问题。也就是说，德国工业4.0建设进程与德国高等教育现代化发展是不协调的，而这又会对德国高等教育的发展理念、价值趋向和培养目标等方面带来深刻影响。因此，德国政府将新兴技术作为本国高等教育发展的着力点，在《数字化未来：学习、研究、知识》中，德国政府就提出了“数字高校2025”这一计划，强调数字化对提升高等学校教育教学质量和效率的作用，更好地推动高等学校数字化发展。这项计划的执行有助于德国高校更好地适应时代要求，在数字化转型方面走在世界前列，并利用数字化潜力更新高等教育方式方法，成为高等学校教育系统的领跑者。

总的来说，德国工业4.0建设是实现塑造知识、促进创新和实现智能化社会发展目标所不可或缺的。然而，在工业4.0建设的推动下，德国高等教育现代化的发展仍然面临着不少挑战，因此需要采取积极的措施来加以应对。

三、德国高等教育现代化发展战略的愿景

德国高等教育现代化发展战略的特点蕴含着多种核心要素，如合作、创新、

转型、质量、公平等。德国高等教育在促进国际合作、提升服务社会潜能和实现自身发展方面备受关注，德国的诸多做法为世界各个国家和地区提供了有效的经验。不过，德国高等教育也不可避免地面临着来自国内和国际两方面的严峻挑战。因此，德国从过去的高等教育中总结经验并吸取教训，在考虑国内高等教育改革发展战略以及国际高等教育发展趋势的基础上，逐步确定了高等教育现代化发展战略的愿景，具体体现在以下几个方面。

（一）全面推进高等教育的国际化和虚拟化

德国社会正在经历由信息化向数字化的转型，这一转型也对德国的高等教育产生了深远影响，具体表现为德国高等教育的虚拟化。高等教育虚拟化反映了后现代社会的突出特点，即高等教育的现代性正逐渐转向为后现代性。所谓“后现代性”是指，高等教育建构的新体系、新模式和新框架。如今，全球各个国家和地区都面临相应的挑战，原因在于政治动荡、经济增长减缓和意识形态分歧加剧。为进一步增强全球各个国家和地区的相互理解与包容，就需要加强教育领域的国际合作与交流。因此，国际化的教育交流与合作对于高等教育的发展将变得越来越重要，并且将进一步得到推动和巩固。因此，未来的德国高等教育将专注于促进高等教育的国际化。

（二）奋力建设世界一流的教育与科研平台

面对经济全球化向纵深发展的趋势，世界各个国家和地区都在致力于建设高水平、高质量的高等学校，并将其作为抢占国际高等教育制高点和提升本国高等教育竞争力的重要手段。因此，培养具有国际竞争力的人才和促进高等教育、科研水平的全面提升，已成为世界各个国家和地区推动高等教育现代化发展的重要任务。如今，德国政府正在积极构建世界一流的教育与科研平台，除巩固过去的高等教育改革成果外，德国政府还注重实现高等教育质量的内涵式发展，以此增强德国高等教育的全球吸引力和国际竞争力。总之，德国十分重视对教育和科研领域的投资。

（三）大力激活德国大学的创新潜能与优势

德国政府将创新视为支撑、引领国家现代化发展的核心驱动力。也正是在创新驱动影响下，德国的政府、企业、学校和研究机构等产生了新的思考模式、技术途径、服务方式和产品形态。因此，德国政府尤为注重德国高等学校的创新潜能和内在优势，并将其作为德国高等教育现代化发展的重要目标。总之，德国政府注重赋予德国高等教育创新发展的源动力，这为德国高等学校实现教学创新和完善服务功能提供了保障。

1. 充分激发德国大学的教学创新

在德国，大学主要发挥着促进社会交流、构建国际交流网络体系和推动知识加速流动的作用。教育教学是大学实现立足和发展的必要条件，也是提高大学创新水平的动力来源。因此，激发大学教学创新就成为德国政府推动大学创新的重要任务。

在2019年6月，德国联邦政府联合下辖的州政府共同颁布了《高等教育教学创新》，该协议旨在提升高等教育教学的吸引力和质量效率，并对创新教学辅以制度性的资金保障。此外，该协议还将推动高等教育教学的可持续发展作为重点目标，将其纳入整个高等教育系统工作任务中。该协议对涉及高等教育教学的研究项目提供了资金支持，用以改善和提高大学的教学质量，解决高等教育现代化发展过程中存在的问题。该协议还提出对涉及跨国交流的组织和网络组织予以必要的支持，加快推动知识流动转让力度。德国的研究与创新专家委员会对该协议的目标提供了支持，同时建议将《教学质量协定》中涉及的大学教学经验和理念纳入该协议目标实施过程。在德国联合科学会议的推动和支持下，托普弗基金会成为组织实施《高等教育教学创新》协议的机构。该组织机构会为协议实施过程提供必要的资金支持，用以鼓励大学的教师及相关管理者改善高等教育教学质量，并对开展的知识交流提供支持。从2024年开始，德国联邦政府将和州政府共同为大学教学创新提供资金支持。其中，联邦政府每年提供1.1亿欧元的资金支持，州政府每年提供4 000万欧元的资金支持。《高等教育教学创新》这一协议详细规划了德国大学的教学创新战略，有利于持续提高德国大学的教学创新能力。

2. 继续增强德国大学的服务功能

如今，德国高等教育改革持续深化，而坚持将洪堡精神与理念融入办学过程的传统综合型大学，也逐渐加入市场竞争行列。随着德国大学呈现均质化发展特征，德国大学的服务意识逐渐增强，其开始广泛服务于国家经济、地区经济和高等教育发展等方面。正是在这一背景下，德国大学的功能也趋于多样化，既包括教学功能、科研功能和社会服务功能，又包括促进高等教育成果转化功能，而后一功能尤其以德国的应用型科学大学为主。可见，在德国联邦政府制定的高等教育资助框架支持下，德国的大学将会不断增强和完善自身的服务功能。例如，德国大学将继续深化与产业界的合作关系，尤其是德国的应用型科学大学，其通过转移创新型知识，为相关产业的实践应用提供了理论支持，进一步促进中小型企业的创新发展，形成了基于大学与产业界共享知识创新成果的网络体系，使更多的德国企业积极参与和共享科研转化成果。

与此同时，德国大学还将继续深化与市场的联系，随着德国大学加大了对科研成果转化与转让的重视力度，德国大学的创新价值也在不断提高。当前，德国的创业活动趋势反映了德国大学在创业动力和专利开发中发挥的作用。因此，德国的大学会在加快科研成果转化与转让的基础上，进一步增强服务于市场创新的工作意识，并将其作为重点。德国政府颁发的《创新大学》资助项目，其中就有涉及大学与企业、社会开展交流的内容，具体指出要在大学与企业、社会之间建立一种用以交流的转移策略，将大学的思想、知识和技术转移到企业和社会中，最终达到理想预期。

总之，德国的大学将会秉持“第三使命”的发展理念，将自身的思想、知识和技术用于创新服务需要中，而在“创新大学”集群联盟趋于成熟的情况下，德国大学的集群效应优势在进一步凸显，这有利于促进德国区域创新发展价值链条的建立和完善，提高德国的教育和科研水平。

第四章　我国高等教育现代化建设实践

本书第四章为我国高等教育现代化建设实践，依次介绍了我国高等教育现代化的实践背景、我国高等教育现代化的发展状况、我国高等教育现代化的发展战略三个方面的内容。

第一节　我国高等教育现代化的实践背景

在20世纪80年代，当时的环境风云变幻，机遇和挑战并存，下面分别从政治条件、经济基础、文化环境和国际背景四个方面来分析我国当代高等教育现代化实践的历史前提。

一、政治条件

20世纪80年代是我国当代的一个历史转折时期，国家确立了以邓小平为核心的党的第二代中共领导集体。以邓小平同志为核心的党的第二代中央领导集体在深刻总结我国社会主义建设经验和教训的基础上，经过逐步探索提出了“社会主义初级阶段”以及“中国特色社会主义”的基本理论。该理论认为，我国首先是一个“社会主义”国家，这是我们进行一切工作的基本前提；另外，我国将长期处于一个生产力水平较低的“初级阶段”。在这个阶段，我国社会的主要矛盾是“人民日益增长的物质文化需要同落后的社会生产之间的矛盾”。因此，我们需要大力加强生产力的发展，并进行必要的政治和经济体制改革。国家还提出了“以经济建设为中心”的社会主义发展新纲领，确定了“改革开放”的具体发展方针，这些再加上“四项基本原则”，即“一个中心、两个基本点”构成了社会主义初级阶段的基本路线。当时，国家大兴改革之风，“百花齐放、百家争鸣”的氛围又开始在思想界和学术界兴起，相对宽松的政治环境为教育现代化的发展提供了一个难得的契机。1984年和1985年，我国连续颁布了《关于经济体制改革的决定》《关于科学技术体制改革的决定》和《关于教育体制改革的决定》，到了1986年以后，中央又开始把政治体制改革也提上议事日程，形成经、科、政、教同步推进，并驾齐驱的良好局面。其中发布于1985年5月27日的《关于教育体制改革的决定》，则更加直接地将我国当代教育现代化的帷幕拉开。

《关于教育体制改革的决定》出台以后，我国教育界开始积极探索，并着手实践各项改革，其中在高等教育改革领域最生动、最有声色的是关于高校管理体制的改革。当时明确提出了要增强大学办学自主权的改革目标，并着手实行了校长负责制的改革试点。出于对大学自我调整能力的信任，国家曾先后批准了100多所大学开展校长负责制的试点，也正是在那个年代我国涌现出了一批像刘道玉、朱九思、杨叔子、罗征启等著名的校长教育家，然而由于20世纪80年代国家确定的改革开放政策刚刚启动不久，国家“摸着石头过河”，改革经验不足，在实际改制的过程中难免出现一些不和谐的现象。

1993年2月13日国家出台《教育改革和发展纲要》，正式全面启动了我国当代教育现代化的按钮。针对当时国家正在开展的“社会主义市场经济”建设，高等教育面临的主要任务是要完成由原来计划经济管理体制向市场经济管理体制的转型。国家高度重视教育改革，成立由国务院总理任组长、副总理任副组长的教育改革小组，确定了打破“条条块块”建立“条块结合”“国家宏观管理，学校自主办学”的改革思路，鼓励高校依法自主办学，探索新的更加灵活的高校内部管理体制，然而同1986年不同的是，这一轮的改革，由于受到20世纪80年代学潮的影响，国家在确定“发展是硬道理”政策路线的同时，又加了一条“稳定压倒一切”，出现了以“求稳”为主导的发展趋向。受此影响，国家取消了高校“校长负责制”的试点，并在1998年出台的《中华人民共和国高等教育法》中确立了“党委领导下的校长负责制”的高校管理制度。由于高校为公有制，我国在计划经济体制下形成的高校隶属于行政的局面在市场经济后并没有改变，高校内部的“行政化”倾向也仍然存在，这在一定程度上束缚了我国高等教育的现代化发展。另外，面对新时期人们思想发展的日益多元化，国家重视高校在思想政治理论教育方面的主阵地作用，不断加强对大学理论宣传和信仰教育的管理，党对高校的领导和管理也呈现出不断加强之势。自20世纪80年代以来，我国政府对教育的重视程度在不断加强，高等教育现代化所面临的政治大环境也越来越宽松，高等教育现代化的任务依然非常艰巨。

二、经济基础

1978年党的十一届三中全会以后，我国变化最大的领域当属经济方面。在农村联产承包责任制改革的带动下，国家大兴搞活经济之风，积极探索多种形式的经济改革方式，在理论方面也提出了“社会主义有计划的商品经济”以及“社会主义市场经济”的新经济观点。在这样的背景下，我国经济建设取得了飞速的发展，由于人口多、底子薄，经济状况不可能在短时间内快速扭转，国家有限的资金投入到教育中的也就更少，2006年之前一直停留在国内生产总值（GDP）的3%左右。各学校的实验设备、图书资料短缺，师资队伍匮乏，而且由于我国多年来实施的计划经济体制，教师的工资收入长期偏低。改革开放以后，工资收入不能正确反映市场规律，教师队伍不稳定，我国高等教育发展缓慢。

20世纪80年代以来，在发展成为全国上下一致呼声的大前提下，教育也由原来的主要为政治服务变成了主要为社会主义经济建设服务。但由于我国教育发展相对滞后，我国人才培养严重断层，我国教育根本不能满足经济建设和社会发展的需要。国家要建设，必须大力发展教育，但国家的财力有限，又拿不出足够的钱来投资教育。由于筹措不到足够的办学经费，“校长难当”在20世纪八九十年代的各个高校成为一种现象。在这种情况下，一些人提出了“教育产业化”的概念，经济规律开始在各个领域向教育进行渗透。另外，受国家经济发展突然加速的鼓舞和国人对接受高等教育的热切期盼，各种高等教育应加快发展的呼声也越来越高。“扩招”就是在这样的历史背景下，在1998年“东南亚金融危机”的直接触动下，由中央做出的影响我国高等教育现代化的一个重大举措。

首要的问题是，我国的高校数量难以满足群众越来越强烈的上学愿望，而国家又不可能在短时间内新建很多大学。另外，实行社会主义市场经济后，行业和部门垄断被打破。一些经济发达地区为满足经济建设对人才发展的需要，迫切希望能创办新的学校，出现了空前的建校热情。而许多在经济发展初期有了一定积累的民营企业也开始热衷于投资教育，并迅速发展壮大。另外，国门打开后，一些中外合作和合资学校也开始重新出现。如此，20世纪50年代经社会主义改造后我国仅存在公办大学的情况开始发生变化，我国教育资金多元化筹措的格局开始逐渐形成。本来，多种性质的高校并存，既帮助国家解决了办学资金不足、穷国办大教育的尴尬问题，也可以在事实上打破国家对教育资源的垄断，给我国当代高等教育的现代化发展提供了新鲜血液和活力，然而由于国家继续垄断着高校的招生权和学位、学历权，非公立学校的出现，并没有像想象中那样给我国高等教育现代化带来发展的契机。

扩招带来的另一个直接后果是，原本就捉襟见肘的高等教育资源更加入不敷出，而短时期内国家的教育投入根本无法满足要求，高校“各显神通”，纷纷通过市场手段来增加学校收入。当时，在我国经济改革的刺激和带动下，许多人将管理企业的办法直接引进高校，将一些仅适用于管理市场的规则不假思索地拿来管理学术，掀起了高校“招生 GDP”“科研 GDP”以及用短期绩效和经费多少来考核学术的奇怪现象。另外，在发展冲动的刺激下，高校领导也大多热衷于筹资和建设，我国大学的硬件设备也在一定时间里快速地发展起来。这样，通过新建融资学校和老校的多元化筹资，我国在很短的时间内就提高了高等教育的规模和院校的数量。

2000 年之后，对我国教育发展影响最大的一件事就是我国加入了世界贸易组织，随着国家经济同世界经济的越来越紧密结合，伴随着经济全球化的进程以及知识经济和信息革命的不断发展。这些经济发展的新情况，给我国高等教育提出了新的要求，也带来了新的发展机遇。经过多年的发展，同经济体制改革一样，我国的教育体制改革也已经进入了“深水区”，当代高等教育的现代化发展必须做出适当的调整。

三、文化环境

一个民族的文化是隐藏在每一个民众骨子里的精髓和神经，虽看不见，却决定着这个民族的品行。中华民族自古以来就非常重视教育，在国家方面，从周代的“辟雍”、汉代的“太学”、唐代的“国子学”到清代的“翰林院”，都将教育视为可安邦定国的重要事情。科举制是我国古代一种人才的选拔制度，它使得许多寒门子弟通过读书，改变命运，推动了社会阶层的流动性，促进了教育的延续和发展，有利于文化的繁荣。读书、考试、做官三者联系，营造了中华民族尊师重教的传统和刻苦读书的氛围。以上对教育的认识，就是几千年封建社会留给我们的教育资产，它在现代社会里依然影响着我们。

中华人民共和国成立以后，国家推行“民族的、科学的、大众的”无产阶级教育文化，并按照社会主义苏联的模式对我国教育制度进行改造，还将革命年代根据地的一些教育传统也继承过来，形成了新的我国特色的教育文化。由于当时的社会主义苏联模式暗合了我国传统教育中的一些基本特点，因此很快就在我国生根发芽，并茁壮成长。如国家对教育的全面接收和主导、行政化的管理和规范、统一的招生和毕业分配以及由通过考试选拔人才等，这些对我国高等教育的现代化进程仍有一定的影响。另外，我们在革命根据地兴办军事院校、干部大学或技术学院等形成的一些特色做法也作为经验被我们吸收了过来。比如强化党的领导、重视思想政治教育、成立政工队伍等至今都仍是我国教育的特色，其中还有一些教育经验在特定范围之内效果还是不错的，比如“强调实践”“强调教育同劳动结合”“注重教育的实效性”等，这些如果用来指导职业教育、短期教育还是有一定可取之处的，而且在革命年代也在各种军政大学里取得了良好的效果，但如果全盘推广至整个高等教育领域，则会同其“高深学问”的本质相违背。

20 世纪 80 年代，我们完全恢复了中华人民共和国成立初期的教育模式，这是一种为高度计划经济而量身定制的教育模式。政府对高等学校的管理存在“统得过多”的问题，一定程度上影响了高等学校的健康发展。在这样的大背景下，一方面，急需国家开拓思路、大胆实践创设新的教育文化；而另一方面，20 世纪 80 年代我国改革之风劲吹，大家的思想空前活跃，同时，由于国家大门的打开，世界上各种先进思想一下子涌入人们的眼帘，彻底打开了人们看世界的心扉，各种发展高等教育的思潮开始在学术界兴起，为我国新一轮高等教育现代化的全面发展提供了足够的舆论和理论准备。

必须指出的是，经过中华人民共和国成立后多年计划经济体制的熏陶，同其他领域一样，在教育领域里普遍缺乏“法制”观念和“法治”意识，加上我国教育领域中领导的任命制、任期制等特点，造成了“长官意志”决定政策，而政策又可以随着领导的不同而随时改变。这造成了我国高等教育在发展过程中的不断反复或中断。自改革开放以来，尽管不断有新教育思想注入，但教育改革进展依旧迟缓。自 20 世纪 90 年代起，“稳定”已成为评价教育领域领导的重要指标。因此，高校普遍加强了对学生的引导与管理，着重于纪律教育，并有意引导学生关注个人发展，然而这种做法无意中忽视了学生理想信念、责任感及担当精神的培养。导致部分学生追求物质利益，学习变得功利化，视野变得狭窄。

四、国际背景

20 世纪 80 年代，当中国刚开始打开国门的时候，世界对于中国来说早就是“不知有汉、无论魏晋”了。那时知识经济已经在世界范围内兴起，信息革命、第三次产业化的浪潮席卷全球，后现代主义的思潮也早已在每一个角落里弥散。高等教育也早已超出了国界，开始成为一项世界性的活动，发达国家凭借其先进的文化和一流的条件在全球范围内抢夺人才，基本垄断了现代高等教育的最优秀资源。1983 年，邓小平提出的“三个面向”为我国的教育改革指明了方向，成为新时期我国社会主义教育事业的指导方针。这个总方针高度概括地揭示了教育发展、人的发展与社会发展三者之间的辩证关系，并将我国的教育发展从未来的视角置于世界现代化的进程之中。它在以中国的政治、经济、文化和科学作为参照系考察教育的同时，也强调了对世界政治、经济、文化和科学的考察。当前经济全球化加速发展，网络信息化社会正在形成，整个世界正逐步变成一个大村庄，不同国家的人们往来频繁，人才竞争日益激烈，教育的开放性已日益明显。任何国家都必须面向世界而发展，只有与世界相融相连，才有可能真正强大起来。我们必须立足国内，同时加强与世界在科技、文化、信息、物资以及人才管理等诸方面的交流，积极参与国际竞争，才有可能接近或达到世界先进水平，从而创设出更加优质的发展环境，为国家的现代化建设提供服务及保障。这同时也需要我们尽快提升教育的现代化水平，培养一大批具有国际视野，具有国际交往能力，能在世界舞台长袖善舞的高素质人才，以更好地实现我国与世界的交流与合作，为中国乃至世界文明的发展作出应有的贡献，而这也是我国高等教育现代化发展的使命所在。

可是当我们开始睁眼向外看的时候，世界到底变成了什么样子呢？首先在经济上，西方发达国家仍然领跑全球，亚洲除了日本以外，“四小龙”也已经基本步入发达地区行列，我国在总体上处于缓慢发展中。另外，全球经济一体化及区域经济联合化都成为当时世界经济发展的主要趋势，知识经济、信息经济等世界新的产业不断引导着世界经济的革命，产业转移和资本全球流动给我国的经济发展提供了前所未有的机遇。经过艰苦的谈判，我国终于在 2001 年加入世界贸易组织，并逐渐成为世界经济体系中非常重要的一员。其次在政治上，和平与发展已经成为新的世界主题，“冷战”已经接近尾声，美苏争霸已渐呈美强苏弱之势。我国放弃了之前的意识形态外交而开始了务实外交，先通过同欧美建交，打开了联系西方世界的大门，而后又缓和了同苏联的关系，为开放打开了一个良好局面。在苏联解体、世界社会主义运动进入低潮以后，我们顶住了外部的压力，坚持务实外交、韬光养晦、广交朋友，在“一超多强”的世界新格局下，平稳度过了各种危机，并抓住机遇，不断提升我国的综合实力，成为相当重要的一极，为推动世界多极化发展和建立更加公正、合理的国际新秩序而努力贡献着自己的力量。

新形势下，我国同世界的交流不断增强，出国人数不断上升，我们已经完全融入了世界。我们积极学习世界先进的理念、制度和文化，同时也将自己的制度、道路、理论通过实践向世界证明其成功和可取之处。我国高等教育不仅肩负着为国家培养人才的重任，同时还必须培养出大量的政治坚定、理想远大的接班人。不仅要学习吸收和发展世界先进的知识和文化，还要与时俱进地继承和发展马克思主义的世界观，大力加强社会主义文化建设。

经过 20 世纪八九十年代社会主义国家发生的剧变，“冷战”结束，世界文化在意识形态方面的对立情绪大大缓解，随着后现代主义的思想扩散，以民族文化为主的多元文化开始在世界舞台觉醒。生态主义、女权主义、第三种道路等思想在世界上变得越来越活跃，教育由于对社会发展的重要性受到各个国家的重视。西方发达国家利用自己掌握的科技和文化优势，处在教育的最顶端，而落后国家则有越来越被边缘化的迹象。有识之国，都通过大力发展自己的高等教育来吸引别国的人才，知识和人才在全球范围内流动，世界高等教育日益发展。随着经济的知识化和政治的民主化，高等教育开始从精英教育向大众教育和普及教育过渡，而且由于知识更新速度加快，终身教育也已成为当代人们的选择，整个世界的高等教育都进入了一个发展的快车道。由于教育同经济发展的关系日益紧密，市场也开始高度地影响着教育的发展，教育开始变得多元而复杂，肩负多种功能的多元巨型大学以及公司化的大学都开始出现并兴盛起来；知识生产已经不再拘泥于学校和实验室，在公司、在生产现场、在实践中产生新知识的模式正在逐渐占据主导地位；另外在知识领域，过去那种单一学科的探索已经被多种学科融合的跨学科交叉发展所替代；产、学、研一体化，学校、公司和政府合作的“三螺旋”组织等新的知识生产机构已屡见不鲜；随着信息和网络技术的发展普及，高等教育不一定必须在学校进行，通过互联网它正逐渐成为一种可以随时随地、随意操控的“电子游戏”。凡此种种，现代高等教育正在变得光怪陆离，可以说它正进入一个自产生以来变革最快和最大的时代。这样的变化，既给我国高等教育现代化提供了一个非常难得的机遇，同时也使其追赶国际先进水平的难度变得更大了。

第二节　我国高等教育现代化的发展状况

一、高等教育现代化的萌芽阶段

（一）中体西用开启高等教育现代化的思想萌芽

我国近代高等教育的发展可以追溯至 19 世纪末，这一时期的新式学堂教育主要包括方言学堂、技术学堂和军事学堂。其中，清末时期的洋务派主张废科举、兴学堂，成为推动我国近代高等教育发展的中坚力量，也为我国高等教育迈向现代化奠定了基础。此外，洋务派提出“师夷长技以制夷”的思想，认为新式学堂教育应坚持“中体西用”的指导思想，通过学习其他国家的先进技术和知识促进本国综合实力的发展。于 1895 年创办的天津中西学堂头等学堂，成为我国近代首个正式的新式高等学府，也是中国近代高等教育真正发端的标志。随后，经过清末“新政”的推动，新式高等学堂得到了进一步发展。1902 年，晚清重臣张百熙倡导制订全国教育计划，发展京师大学堂，将高等教育分为三个级别，创立了我国近代第一个学制——壬寅学制，高等教育结构的雏形初步显现。

（二）多元化孕育高等教育现代化的实践开端

民国初期传播的“民主”“科学”等思想，成为我国高等教育真正走向现代化的思想根基，由此我国高等教育局面发生重大转变，传统的封建文化糟粕正式被高等教育剔除，新式高等学堂替代了旧式学院，我国高等教育迈入现代化阶段。在 1922 年，当时的“中华民国”政府在引进美国学制的同时，又相继推出了《学校系统改革案》，由此使我国高等教育结构得到进一步完善。在 1912 年至 1949 年这段时期，我国的高等教育整体呈现出多元发展的特征，如蔡元培将“思想自由”“兼容并包”等思想融入北京大学教育改革过程；著名爱国教育家张伯苓着手创办南开大学；爱国人士陈宣恺和陈朴生着手创办中华大学；海外华侨陈嘉庚着手创办厦门大学等；另外，从 1912 年开始至抗日战争时期，我国还创办了多所教会大学。这些均成为推动我国现代大学向多元化发展的重要力量。这一时期，我国高等教育思想以西方的“学术自由”和“大学自治”等理念为指导，整体呈现出多元发展的局面。在抗日战争期间，我国高等教育经历了一次重大革新。由于战争引起的变动，此时的我国高等教育被侵略分子破坏。正是在这艰难的发展环境中，我国高等教育仍然坚持综合型和研究型的教育模式，并且取得了重要的发展成果。

二、高等教育现代化的起步调整阶段

在中华人民共和国成立之后，为使教育更好地适应我国经济社会的发展，第一次全国教育工作会议针对教育和学校等问题进行了一系列讨论。最终，第一次全国教育工作会议提出要进行教育改革，构建全新的教育系统，在对传统教育中的合理因素进行归纳整合的基础上，合理借鉴苏联的教育理念，制定并实施“推陈出新、百花齐放”的教育方针，贯彻落实“教育为人民服务”的思想。

自 1949 年以来，随着国家建设的不断推进，我国的高等教育发展面临着新的需求变化。其中，尤其是对培养高水平的人才有着极大的需求，如工程建筑领域的高水平人才、医疗卫生领域的高水平人才等。此外，一系列的高等教育改革措施也不断得到实施。首先，强调高等教育的实用性，即注重高等教育理论与社会实际应用相结合，主要举措就是成立各类专科学校，并开办各类专修班和培训班等，以此加大对工农知识分子的教育培训力度，满足国家建设的需要。其次，将工农知识分子教育作为高等教育的主要任务，重视工农知识分子的教育需求，实现教育“为无产阶级服务”“与生产劳动相结合”的理念，并坚持党对教育的领导。最后，教育要为社会服务，高等学校应竭力为社会各行各业输送优质人才。这一阶段也为我国培养了大批为经济社会发展服务的专门人才。

三、高等教育现代化的恢复发展阶段

改革开放后，我国的经济发展重新迈入正常轨道，社会主义现代化建设的宏伟战略逐步得到推进。20 世纪 80 年代至 90 年代，我国高等教育主要为社会主义经济建设服务。由于 20 世纪 60 年代至 70 年代出现的人才培养“断层”问题，我国在改革开放后便积极推进高等教育现代化恢复和发展进程。为适应时代所需，大力培养满足经济建设和国家发展的人才。

（一）形成国际化视野，拓展高等教育发展空间

随着改革开放政策的提出和实施，我国的社会主义现代化建设步入新时期。1983 年，邓小平首次提出“教育要面向现代化、面向世界、面向未来”的要求，

这也代表着我国高等教育正式步入了现代化发展的新时期。高等教育现代化与国民经济建设发展是同频共振的，这就要求我国高等教育工作者应结合经济建设所需调整高等教育机制体系，并形成国际化视野，积极学习世界上优秀的高等教育机制体系，将高等教育放在一个长远的规划中，以历史的眼光来看待问题，这就是“面向未来”的含义和要求。

自 1978 年党的十一届三中全会以来，改革开放被正式确立为我国的重要国策，我国高等教育也开始与世界高等教育接轨。随着我国高等学校与世界其他国家或地区的高等学校的合作交流程度不断加深，我国的留学生数量整体呈现逐步增长的态势。由此不难看出，我国高等教育正在实施“走出去”的战略，坚持培养具有“国际化视野”的高水平人才。实践证明，我国高等教育“国际化”趋势已经呈现出不可逆转的特征，无论是在互派留学生还是派遣访问学者或教师等方面，我国高等教育正在走向世界，与世界各国或各地区的高等教育开展深入交流与合作。

（二）加快推进科学教育，培养创新人才

20 世纪 80 年代末，《中国教育改革和发展纲要（1990—2000 年）》正式审议通过并实施。该纲要提出，要根据我国社会主义现代化建设实际，培养具有高素质、创新型人才，有效地推动我国高等教育现代化发展步伐。

另外，邓小平提出的“实现四个现代化，科学技术是关键，基础是教育”的思想，指明了教育在推进社会主义现代化进程中的基础地位，也印证了高等教育现代化是助推社会主义现代化的重要因素。而在 20 世纪 90 年代提出并实施的“科教兴国”战略，更是将科技和教育摆在突出的位置，以此提高全体国民的思想文化素养。随着科学逐渐成为主流文化并进入高等教育领域，科学教育给人类社会带来了巨大的历史性变革，科学教育也迎来现代化发展时期。高等教育是实施“科教兴国”战略的重点，而高等教育的现代化转型，也是实现科学教育现代化发展的关键，更是加快推动培养创新型科学人才的表现。因此，加强科研成果的转化应用，同时建立完善的高等教育体系，是我国高等教育中科学教育发展的必然要求。

（三）办学体制多元化，完善高等教育培养体系

加快构建高等教育办学体制多元化格局，是着力完善我国高等教育体制的关键决策。在实施改革开放政策后，我国于 1985 年通过了《关于教育体制改革的决定》，决定中提出要健全完善高等教育人才培养体系，为促进经济社会的发展培养高水平人才。这一时期，我国高等教育体制迎来重大变革，高等教育办学整体呈现多层次和多形式的特征。

首先，我国高等教育办学层次呈现多元化特征。改革开放以来，我国高等教育逐渐形成以专科教育、本科教育和研究生教育为主的多元办学层次，并逐渐形成以学历教育和学位教育相结合的综合性办学模式，极大地推动了我国高等教育现代化的发展。

其次，我国高等教育办学形式呈现多元化特征。我国政府积极鼓励、支持和引导社会民间力量参与高等教育办学，由此使中国的高等教育办学主体更加多样、办学形式更为多元，同时也使我国高等教育经费得到了一定的保障。例如，1993年颁布实施的《民办高等学校设置暂行规定》，就对民办高校的法律地位、教育管理和调整方式等作出明确规定，也使民办高等教育具有了法律意义。1998年，《中华人民共和国高等教育法》首次以法律形式确立了社会力量举办高等学校的方案，这为社会力量参与高等教育办学提供了法律依据，一定程度上刺激了社会力量办学的积极性，促进了高等教育办学形式多元化发展，促进了成人参加在职培训、自考、电大、夜大和企业办学等多种办学形式快速发展。

四、高等教育现代化的跨越式发展新阶段

从21世纪开始，我国的高等教育在质量和数量上都有了巨大的提升。其中，为了提高我国高等教育的质量，我国陆续推出了如“211工程”“985工程”和“双一流建设”等重大发展战略，而为了扩大我国高等教育的规模，我国不断完善高等教育扩招政策，由此使高等教育发展格局不断演变，高校数量、教师队伍、资金投入以及教学设施等都取得了显著的进步。2002年之后，我国高等教育由精英化向大众化转变。2018年之后，高等教育的普及程度逐渐提高，从高等教育大众化向普及化转变。

（一）大学生规模扩大推进高等教育大众化向普及化发展

当前，我国正在进一步完善高等教育的建设计划和投入机制，使高等教育既能实现“量”的发展，又能实现“质”的飞跃。纵观我国高等教育的发展历程可知，现阶段，我国高等教育规模呈渐进式扩增的特征，而这也与我国人民群众渴望接受高等教育的意愿有关，伴随着我国高等教育质量的稳步提升，我国高等教育现代化的建设步伐也在稳中推进。

（二）高校师资队伍建设为高等教育现代化提供重要支撑

自从我国实施高等教育扩招政策以来，我国的高等学校就面临着优秀教师队伍短缺的问题。为此，我国一些高等学校制定了多项用于培养或吸纳教师人才的方案，逐步完善高等教育发展新格局。

（三）内涵式发展提升高等教育人才培养质量

为满足我国人民群众对高等教育的新需求，以及为经济社会发展提供所需的人才，我国进一步完善了高等教育扩招政策，但是扩招也会带来一系列新问题，如教师数量、教育质量以及基础设施等方面不能满足高等教育扩招需求，从而给高等教育的质量带来了严重影响。因此，我国加强了对高等教育内涵式发展的重视程度，从注重质量提升和结构优化两方面入手，解决高等教育现代化发展中存在的问题。

为了促进高等教育的内涵式发展，提升人才培养质量，国家先后采取了一系列措施。第一，决定实施“质量工程”。加强对教学工作的领导和管理，加强专业调整，深化教育教学改革。第二，提升高校科研水平，优化高校办学结构，提高人才培养质量，增强高等教育服务社会的能力，促进高等教育内涵式发展。第三，国务院印发的方案提出了“三步走”的总体方案，即 2020 年和 2030 年总体目标，以及到 21 世纪中叶基本建成高等教育强国长远目标，我国高等教育现代化的近期目标和长远目标指向明确、航标准确、激奋人心。党的十八大以来，以习近平同志为核心的党的新一代中央领导集体深知民为邦本、本固邦宁，把人民需求作为改革出发点，发展中国特色、世界水平的现代教育。

目前我国不断深化高等教育改革，革新高等教育理念，以人才培养能力为核心，深入推进高等教育管理体制和管理能力的改革，完善高校办学质量评估制度和校园文化建设评估制度，加大高层次人才的引进力度，促进高校产学研共同发展等，高等教育改革取得了巨大成果。我国高等教育规模世界第一，结构也得到进一步优化。

中共中央、国务院印发的《中国教育现代化 2035》，展现了中国积极参与全球教育治理、履行对联合国 2030 可持续发展议程的负责任的大国形象，是中国为建设高等教育强国作出的战略部署与总体规划。此外，在中共中央、国务院印发的相关文件中，有关未来五年的发展战略目标，致力于解决当前社会最为关注的问题，以及构建公平的、高质量的教育体系，通过高质量的教育来推动高质量的发展，确保高等教育现代化建设开好局和实现跨越式发展。回顾我国高等教育现代化的发展历程可以发现，我国高等教育有着彰显我国国情的发展规律，但也会相应地受到特定时期经济状况、政治制度、传统及现存文化等因素的影响和制约。尽管如此，我国高等教育现代化建设与发展必须同我国的政治条件、经济基础和文化环境相适应，规划和制定具有中国特色的高等教育现代化发展战略。

我国高等教育现代化经历了长达一个多世纪的发展历程，整体呈现出曲折式前进的特征。在中华人民共和国成立后，党和政府不断地对高等教育的相关机制进行调整和优化，确保高等教育能够积极适应经济和社会的发展需要，并将高等教育作为一项重要的国家事业，由此探索出一条符合我国国情的高等教育现代化人才培养模式。因此，我国高等教育现代化发展战略，应该从处理好人才培养与经济发展之间的关系入手，在遵循我国国情和高等教育规律的基础上，使高等教育现代化发展与一定时期的政治、经济和文化相适应。需要强调的是，我国高等教育现代化发展战略，应体现出我国国情与高等教育发展规律之间的关系，不能照搬或全盘模仿其他国家的高等教育现代化发展战略，就要做到及时总结经验教训，学会审时度势制定具有中国特色的高等教育现代化发展战略，这也是本书梳理研究我国高等教育现代化建设实践的目的所在。

第三节　我国高等教育现代化的发展战略

美国、英国、日本、德国等发达国家尤为重视建设和完善高等教育体系。基于此，我国在推进高等教育现代化的过程中，应该遵循高等教育的本质规律，结合我国国情科学构建高等教育体系。

一、提升高等教育现代化的理论支撑与实践水平

高等教育现代化是建立在理论和实践基础之上的。理论是指对高等教育现代化提出的理论体系构建要求，并以高等教育现代化理论体系指导高等教育现代化的实践路径，从而不断提高我国高等教育现代化发展水平。因此，高等教育现代化理论体系应作用于高等教育现代化实践路径全过程，以高等教育理论为载体将高等教育现代化的实现形式表现出来，体现高等教育现代化中内容和形式的辩证关系。

（一）强化高等教育现代化的理论支撑

高等教育现代化的推进过程是动态化的，因此需要不断完善高等教育现代化

的理论基础，深入探究高等教育现代化模式，使高等教育现代化模式更具科学性。同时也要立足我国发展实际，积极打造富有我国特色的高等教育现代化理论框架，强化高等教育现代化的发展目标和路径。

对高等教育现代化理论框架的构建，具体涉及三方面内容。其一，应基于本国的文化属性和民族传统构建高等教育现代化理论框架。“失去了民族文化，教育就失去了根基，”① 在我国深厚的文化土壤之中，形成了独具特色的教育传统，如“中庸文化”“尊师重教”“分科考试”等。丰富的文化积淀深深扎根于民族传统中，因此需要我们辩证看待高等教育现代化理论，保留其中的精华，摒弃其中的不足。其二，应重点强调建设高等教育强国的目标。建设高等教育强国是21世纪以来我国高度重视的教育“工程”，具体需要从规模、效益、质量、思想、体系和道路等方面着手推进实施。此外，我们也要从动态和静态两个方面深入研究高等教育强国的发展逻辑与建设目标。其三，强化对高等教育现代化路径建设的研究。“路径建设”指明了高等教育现代化研究的维度，即动态性的了解高等教育强国推进现代化的方法和路径，以此总结适合我国国情的高等教育发展模式。

（二）提高高等教育现代化的实践水平

基于社会实践的本质研究高等教育现代化的发展目标和理论框架，最终要经过实践的检验和应用。纵观我国高等教育现代化的发展历程，其同样经历了反复探索、实践和认知的过程。重视实践意味着从自身实际出发研究高等教育现代化，以达到不断创新高等教育现代化发展质量的目标。

深入研究高等教育现代化实践体系，是推进高等教育现代化发展的必然要求。而要建立科学、合理的高等教育现代化实践体系，就必须通过反复认知和实践，发挥高等教育现代化实践体系的作用，形成“螺旋式发展、波浪式上升”的局面。具体来说，首先，基于我国国情构建高等教育现代化体系。为使我国高等教育现代化呈现出多元化、品质化和品牌化的发展格局，应该将富有我国特色的文化内容融入高等教育现代化建设过程，进一步提高我国高校特色办学水平。其次，坚持教育优先发展原则，深入贯彻落实教育现代化发展战略。党的十九大报告明确提出我国要在2035年基本实现社会主义现代化的目标，《中国教育现代化2035》中也强调，我国要在2035年总体实现教育现代化的目标。当前，我国已将实现高等教育现代化发展摆在了实现社会主义现代化发展的优先位置，以此通过推进高等教育现代化进程加快实现社会主义现代化的目标。最后，注重科技与

① 周远清．建设中国特色的社会主义高等教育[N]．中国教育报，2013-09-30（5）．

创新。在推进高等教育现代化进程中，我国应该坚持立足本国发展实际，审慎理性地研究高等教育现代化的发展历史和未来方向，主动创新高等教育现代化发展模式，确保高等教育现代化战略能够顺利实施。

二、实施内涵式发展为加快高等教育现代化提供质量保障

实施内涵式发展，是推动高等教育现代化发展的必然选择，也是实现高等教育现代化发展的重要战略。从这一点来看，高等教育内涵式发展成为高等教育现代化的研究重点。

（一）高等教育内涵式发展的历史发展与时代内涵

1. 高等教育内涵式发展的动态意蕴

内涵，是指概念蕴含的本质属性，属于概念的组成部分。而内涵式发展，则是指以事物内部因素作为支撑事物发展的动力或资源，属于发展结构模式的组成部分。内涵式发展主要关注结构优化、质量提升和实力增强这三部分内容，因此高等教育的内涵式发展，不仅涵盖了高等教育体系的内涵式发展，而且也涵盖了高等学校的内涵式发展。

由于高等教育内涵式发展的动态意蕴，因此对高等教育内涵式发展的解释也就有所变化。高等教育内涵式发展的提出始于 20 世纪 90 年代，1993 年《中国教育改革和发展纲要》提出："九十年代，高等教育要适应加快改革开放和现代化建设的需要，积极探索发展的新路子，使规模有较大发展，结构更加合理，质量和效益明显提高。""高等教育的发展，要坚持走内涵发展为主的道路，努力提高办学效益。"

该文件首次提出了高等教育"内涵发展"的概念，并且确立了把"提高办学效益"作为高等教育"内涵式发展"的目标。也就是说，该文件通过分析原有的高等教育规模，再通过发掘高校内部潜力，进而扩大高等教育的办学面。由此可以推知，这一时期提出的高等教育"内涵发展"具有明显的"效率"意蕴。也正是在坚持高等教育"内涵发展"这一意蕴的要求下，我国高等教育的规模与容量首次呈现出扩大的特征。1998 年，招收本专科学生突破 100 万人。1999 年国务院批准颁布的《面向 21 世纪教育振兴行动计划》明确提出："到 2010 年，在全面实现'两基'目标的基础上，城市和经济发达地区有步骤地普及高中阶段教育，全国人口受教育年限达到发展中国家的先进水平；高等教育规模有较大扩展，入学率接近 15%，若干所高校和一批重点学科进入或接近世界一流水平；基本建立

起终身学习体系，为国家知识创新体系以及现代化建设提供充足的人才支持和知识贡献。”从此开启了中国高等教育以扩张为主的外延式发展模式。1999 年招收普通本专科学生约 160 万人。此后几年，在各方合力作用下，高等学校尤其是地方高等学校招生规模连年大幅度增长。2002 年，普通本专科招生 320 万人，高等教育毛入学率达到 15%，比原计划的 2010 年提前 8 年实现了高等教育大众化的基准目标[①]，但是由于这种扩张仍然是在传统内涵式发展思维模式之下进行的扩张，且主导思想是“增长即发展”，显然在此情形下，“内涵式发展”与“外延式发展”并无多大差异，甚至可以说在本质上是一致的。扩张的直接后果便是生均拥有的高等教育资源锐减，高等学校的办学质量受到质疑。仅以生师比为例，1998 年，在校普通本专科学生与专任教师之比为 8.4 ∶ 1，1999 年增长为 9.1 ∶ 1，到 2006 年已达 16 ∶ 1。

从现实角度考量，由于我国高校扩招造成的高等教育质量问题被社会各界质疑。对此，我国教育部在实施高校扩招政策后不久便启动了高校本科教学评估试点工作，也就是将高校划分为不同的层类，再分别展开合格评估、随机评估和优秀评估，特别是 2006 年，国家“十一五”规划制定并颁布，高等教育发展的主导话语开始由“扩招”“提高大众化水平”转变为“提高高等教育质量”和“高等教育内涵式发展”。2007 年，党的十七大报告强调“优化教育结构，促进义务教育均衡发展，加快普及高中阶段教育，大力发展职业教育，提高高等教育质量”。很明显，党的十七大后，我国基于问题导向提出的高等教育内涵式发展，与高等教育外延式发展是存在区别或差异的，也与 20 世纪 90 年代提出的高等教育“内涵式发展”有所不同。基于问题导向提出的高等教育内涵式发展，更加注重对高等教育“质”的提升，而非简单地追求高等教育的规模和容量的扩大，尤其是 2022 年党的二十大报告明确提出：“统筹职业教育、高等教育、继续教育协同创新，推进职普融通、产教融合、科教融汇，优化职业教育类型定位。加强基础学科、新兴学科、交叉学科建设，加快建设中国特色、世界一流的大学和优势学科”。

2. 新时代高等教育内涵式发展的时代内涵

党的二十大报告提出：“加快建设中国特色、世界一流的大学和优势学科”，一方面体现了中国从高等教育大国向高等教育强国目标迈进的坚定信心和决心，另一方面表明要成为高等教育强国，首要条件便是高等教育内涵获得充分发展。“时代是思想之母”，新时代高等教育内涵式发展的时代内涵主要包括以下几方面。

---

① 刘海峰．跌宕起伏：中国高校招生考试 70 年[J]．高等教育研究，2019，40（11）：9–22．

（1）高等教育内涵式发展的核心是人才培养质量

自20世纪80年代后，“质量”就成为联合国教科文组织重点关注的三个核心概念之一。联合国教科文组织认为，高等教育的质量涵盖了多个层面和各种功能，而人才培养则是高等教育质量的核心层面。目前，一流大学和一流学科的建设与发展都尤为注重“内涵”，即注重提升人才培养质量。不注重人才培养质量，是高等教育偏离内涵式发展“轨道”的体现，也就无法建设与发展一流大学和一流学科，而通过研究我国高等学校的办学情况可知，有关忽略人才培养质量的问题同样严重，这源于高等学校存在的教学与科研的分离。因此，我国高等学校应该重点协调教学与科研之间的矛盾关系，将高水平的科研活动作为支撑高等学校人才培养的关键，同时也要将学科教学用于人才培养过程中。此外，我国高等学校也应明确人才培养的方向、类型及策略，充分认识到人才培养的重要性，通过全面实施素质教育和高等教育提高人才培养质量，为培养适应时代发展需要的高素质人才提供保障。

（2）高等教育内涵式发展的关键是体制机制创新

党的十九届四中全会指明了坚持和完善中国特色社会主义制度、推进国家治理体系和治理能力现代化的总体目标及具体路径，这对于高等教育而言具有十分重要的指引意义。新时代我国高等教育改革发展的主要路向就是“中国特色、世界水平”，即扎根中国大地办世界先进水平的高等教育。要办“中国特色、世界水平”的高等教育，一个关键因素便是高等教育治理现代化的中国特色与世界水平。

没有治理的世界水平就谈不上高等教育的世界水平，高等教育现代化的关键在于高等教育治理现代化。中国特色的高等教育又在相当程度上体现为高等教育治理的中国特色。从我国高等教育改革发展的历史来看，高等教育治理现代化的中国特色与世界水平存在内在的高度一致性，即中国特色表征世界水平和中国特色成就世界水平。前者是中国特色符合世界水平的事实特征，也就是我国大学治理的中国特色与当今世界现代大学治理的一些共同特征高度契合；后者是高等教育治理通过走中国特色化发展道路来促进国家高等教育发展水平的提升，并使一些大学发展成为世界一流大学。不论是高等教育治理现代化的中国特色表征世界水平，还是中国特色成就世界水平，关键在于如何将高等教育治理现代化的中国特色有效转化为成就世界水平高等教育的治理优势和治理效能。高等教育治理现代化很大程度体现在体制机制改革创新上，具体可从以下方面来认识。

首先是创新人才培养机制。这里有以下三个方面的问题值得探讨。一是党的十八届三中全会就提出："创新高校人才培养机制，促进高校办出特色争创一流。"这里蕴含了一个值得高度关注的问题，便是高等学校办出特色要聚焦在人才培养机制的创新上，这也是高等学校体制改革亟须破解的难题。二是贯彻落实"产教融合、校企合作"政策。"校企合作"是"产学研相结合"的延续，二者有着相似的概念，然而"产学研相结合"的人才培养机制更多地着眼于各利益方，旨在通过合作实现各利益主体的利益最大化。而"产教融合、校企合作"的实施是在建立深度融合、紧密合作的基础上，强化各利益主体的联动效应，使各利益主体形成"命运共同体"，也就是既要实现共同发展也要实现利益共享。三是贯彻落实协同育人机制。教育体系应具有协同性，即普通中小学义务教育体系应与高等教育体系构建协同育人的格局，而一流大学又要通过高水平的科研活动建设与学科教学相衔接的协同育人格局。

其次是深入推进"管放服"改革进程。要实现高等教育管理方式的转变，即由传统的管理方式转向现代的管理方式，进而实现"善治"的目标；同时，也要积极构建得到大学组织成员广泛认同和尊重的制度。制度的有效实行在很大程度上取决于大多数人认同和尊重这个制度的程度，只有当个人在内心深处认同制度并产生对制度实行的期望时，制度工具和制度化过程才会真正发挥作用。例如，一些研究结果显示，目前的学术竞赛制度强调以少数拔尖人才为目标，这与部分青年教师的利益偏好和价值观念不相一致。因此，这部分青年教师通常不会完全认同这种竞赛制度，其通常会在应对制度压力时采取应激性行为，这种行为对于学术长远发展来说不太有利。

最后是从固化身份到动态身份。对于身份，英国学者斯图亚特·霍尔（Stuart Hall）曾提出过一个重要观点，即身份与其说是"我们是谁"或"我们来自何方"，不如说是在我们可能会成为什么、我们一直以来怎样表现及我们有可能怎样表现上施加了怎样的压力。身份作为社会系统中的一种客观的现实存在，实际上是难以"去"掉的，而且它作为一种可能的未来存在所具有的内在动力机制功能对于组织和个体的发展是必不可少的，但一旦身份固化，身份带来的内在动力便失去了持续性。比如，当前一流大学和一流学科建设的要旨在于动态身份，而不是去除身份。除组织（高等学校）外，对于个体（如教师）来说，动态身份的意义也是如此。近年来在高等教育领域里"重岗位、轻身份"的人事制度改革，其旨趣也在于建立动态身份机制，优化师资结构，形成教师的内在动力机制。从宏观的高等教育体系而言，高等教育内涵式发展还涉及高等教育结构的优化、效益的提高等方面，这也有赖于高等教育体制机制的创新。

（3）高等教育内涵式发展的高度是大学文化的价值建设

大学文化是大学长期积累而成的浓厚文化氛围。大学文化主要涵盖以下几个价值特征。第一，大学文化是大学不断追求知识和真理的产物，这是大学文化的本质价值特征，也是大学与其他教育机构有所区别的标志。第二，大学文化重在强调学术自由，这是大学实现可持续性发展“不变的原则”，也是大学文化最为不朽的价值，不断得到传承和弘扬。第三，大学文化是对文化的坚守，注重展现大学的精神价值，成为全人类精神追求的高地。第四，大学文化是开放的、多元的、包容的，是大学现代价值的表现，也是现代大学主动适应社会发展需求的主要趋势，更是走向国际、与世界高等教育潮流接轨的结果。

基于上述对大学文化价值特征的认识，我国的大学文化应当主动融合世界优秀大学文化，同时也要注重融入我国的优秀传统文化，实现高等教育的内涵式发展。强调文化自信和文化自觉是传承优秀大学文化传统和弘扬优秀大学文化内涵的主要措施，在此过程中，我国的大学应该坚持辩证地看待大学文化传统，主动革新不合时宜的大学文化传统，并赋予其时代内涵，从而适应世界现代大学文化的发展趋势。在建设优秀大学文化过程中，我国的大学应该注重对中华优秀传统文化的创造性转化和创新性发展，助推高等教育实现内涵式发展。

大学文化建设应体现良好的价值导向，即注重大学文化的价值建设。在推进一流大学和一流学科建设过程中，我们通常会对客观事实和价值取向作出判断，从而对一流大学和一流学科建设结果产生影响。对客观事实的判断，本质是对一流大学和一流学科达成的量化指标作出的判断。对价值取向的判断，则是从大学的发展方向和产生的价值作出的判断。因此，要建设一流大学和一流学科，就必须把握客观事实判断和价值取向判断的内在关系，既要在客观事实判断过程中树立正确的价值取向，也要在价值取向判断过程中将客观事实作为依据。但从目前来看，我国高等教育倾向于关注量化的客观事实判断缺乏必要的价值取向指引评价指标，如对教师教学过程及结果的评价大多依据量化指标，由此会给价值取向判断带来错误结果。实际上，“从某种意义上来说，把一名教授终身工作的质量还原为一个简单的数字是完全没有道理的。事实上，要对一种思想、一种理论或研究发现的质量进行量化看来是不可能的”①。因此，在建设一流大学和一流学科时，我们需要筛选出能够准确反映现代大学价值的可靠指标，并特别关注与现代大学的发展方向和规律相一致的指标选择。此外，重视非量化指标对于建设一流

① 卢晓中，谢静．大学教师荣誉制度与荣誉体系刍议[J]. 江苏高教，2017（11）：1–6.

大学和一流学科同样至关重要，这些指标包括大学所传承的精神和文化、现代大学制度等。特别需要持续建立一个调动各方积极参与的长效机制，以进一步完善高等学校内部治理架构。

以上所讲的高等教育内涵式发展，具体涉及人才培养、体制机制和文化价值三个方面。这三个方面也是高等教育现代化追求的内涵式发展趋势。

（二）实施内涵式发展的具体措施

1. 形成高素质师资队伍培养机制

第一，提高教师专业素养，定期开展国外研修计划，同国际上的优秀教育工作者进行交流，主动汲取先进的、适合本国国情的教学经验，以此强化个人学科教学能力，进而提升整个教师队伍的质量。第二，建立健全教师综合评价机制，采用科学合理的评价体系增强高校教师的工作积极性。第三，制订优秀教师培育计划，为学科专业教师提供更多交流和学习的机会，将理论知识与实际教学经验相结合，构建全方位、多层次、立体化的教师培育机制，使其覆盖教学实践、教学管理和课程设计等方面。第四，聘用优秀的教师，为其提供更好的机会和待遇，如解决住房、配偶就业及子女教育等问题，以优厚的待遇与真诚的关怀吸引和留住优秀教师。第五，重视引进现代化教学设备，注重建设遥控终端和信息化平台，提高教师的信息化教学能力，更好地实现现代化教学。

2. 发展优质教育以建设高水平的人才培养体系

实现高等教育内涵式发展目标，建立高水平的人才培养机制和优质的高等教育体系，必须明确人才培养目标，促进学生创新意识的形成，提高学生的实践动手能力，增强学生的学习动力。通过课程培养，激发学生的创新精神、创新意识。培养具有创新性和复合型能力的人才。此外，要强化学科体系在培养人才方面的引领作用，建立学生、学科和学术三者融合发展的体系，开发适合我国学生的人才培养机制。在强调道德教育的基础上，制订科学的人才培养计划，使学生在多个方面发展其能力和品德。在对学生的能力、品德进行综合评价的基础上，不断提高高等教育的质量，深化高等教育制度改革，让更多学生享受更高质量的教育，获得更多展示个人才华的机会。

3. 形成广阔的国际交流与合作格局

为推动我国高等教育与国际高等教育的深入交流和合作，我国应该积极构建对外开放的新格局，主动学习国外先进的办学管理模式和评教经验，并结合我国教育国情进一步推动我国高等教育教师的专业化发展，实现我国高等教育人才培养国际化目标，从而实现我国高等教育的提质升级，达到国际领先的水平。此外，树立为世界高等教育现代化服务的发展远景，我国高等教育就需要学习国际上优秀大学（如斯坦福大学、哈佛大学等）的办学管理模式和教育教学机制，从中筛选出适用于我国高等教育发展的教育资源。同时，我国的高等学校应主动与国际上的优秀高等学校建立多层次的互动合作机制，强化对选派教师访学进修的评价工作，不断提升我国高等教育师资队伍的水平。我国的高等学校可以逐步扩大留学生招生规模，同时加强对留学生的管理。为了让更多人了解中国，高等学校可制定一系列宣传方案，包括在线宣传和海外讲座等。高等学校还要制定完备的留学生服务管理方案，并健全完善留学生管理平台，以促进中西方留学生之间的友好交流。我国教育部门应深化国内各高等学校之间的联系和互助，进一步扩大国内高校联盟规模，共同促进高等教育事业的发展，特别是北京、上海、广州等知名高校应该更关注并支持其他兄弟高校，共同助力实现“2035 年总体实现教育现代化”的目标，建设符合我国教育国情和彰显我国教育特色的高等教育现代化体制机制，使我国高等教育在国际高等教育中发挥积极作用。

第五章　高等教育现代化建设的创新视角

本书第五章为高等教育现代化建设的创新视角，主要介绍了三个方面的内容，分别是多元主体治理下的高等教育现代化、现代教育技术影响下的高等教育现代化、信息化背景下的高等教育现代化。

第一节　多元主体治理下的高等教育现代化

一、政府与大学关系及其优化

在高等教育治理现代化的进程中，确保政府与大学之间的关系平衡是至关重要的。政府和大学之间的紧密合作对于大学教学和管理的活力和水平有着重要的影响，二者紧密相连，此外大学教学和管理的综合水平也可以彰显政府在管理方面的水平。

如今，学术界主要研究政府与大学之间的权力关系，特别关注高校在办学方面的自主权。中国高等教育界也把这个问题看作一个重要的议题。自 1985 年中共中央发布《关于教育体制改革的决定》以来，我国一直致力于推进高校拥有自主权的改革，并在持续探索中不断完善。这个过程持续了相当长的时间，一直延续到 2014 年《关于进一步落实和扩大高校办学自主权完善高校内部治理结构的意见》的发布，这一文件的发布为日后深化高校办学自主权的改革探索奠定了基础。

（一）高等教育治理中的政府与大学关系

1. 政府与大学的关系

从实质意义上看，政府和大学相互依存，二者之间紧密合作，属于共同协作的社会组织。政府和大学应该遵守共同的规范和标准，以平衡彼此的利益得失，并建立合作伙伴关系，以充分利用彼此的资源、发挥彼此的优势。就实际情况而言，政府和大学之间的常见关系有五类：大学控制型、大学自主型、政府主导型、政府控制型和大学附属型，不同种类的关系对应着不同情况。纵观历史，我国政府和各高校之间的联系始终都在改变，呈现出了多种不同的形态。从中华人民共和国成立到改革开放之前的阶段内，政府一直担任我国大学的主导和整体管理角色，政府完全掌控着大学的办学自主权。自 1979 年起，政府开始对高等教育进行整体规划和控制，逐渐在大学领域放权，赋予其更多自主权。我国当前的高等教育主体主要是公立大学，这些大学是直接由中央和地方政府设立和管理的。在我国高等教育改革中，如何维持政府与大学之间权力的平衡与关系的融洽一直是一个具有挑战性的问题。在教育治理中，权力的行使需要受到制约与规范，而人际关系的处理则需要被优化并加强协调。政府与大学关系的合理化逐渐从管理转向治理，这符合我国当前教育综合改革的必然趋势，但是大学在迈向新阶段的过程中面临很多挑战，如果不进行必要的改革，只依靠国家对大学的干预，大学的前景将十分堪忧。因此，我们需要重新审视和重塑政府对高等教育的管理权力。优化政府和大学之间的关系需要考虑两个重要因素：政府职能的改变和大学自主管理。政府职能的转变表现为下放授权、强化监管和提升服务质量。而要实现大学自主办学目标，相关部门必须设立大学法人，并明确其自主权的范围和受到的限制。

新公共管理运动的出现，已经在全球范围内重新塑造了政府治理的理念和方式。在这种局势下，我国政府正加快改革步伐，力求以此为契机进行职能转型和管理方式创新。根据 2013 年中共中央发布的《关于全面深化改革若干重大问题的决定》，国家治理在推进改革方面是至关重要的。为保持社会经济的稳定，社会主义市场经济需要政府采取具备科学合理性的宏观管理策略和有效的治理措施，这一点极为关键。所以，政府应加快转变职能，以提高其公信力和执行能力，这可以通过政府对行政制度进行革新的行政管理方式来实现。通过这种方式，我们可以促进政府发展，同时推动我国治理体系和治理能力朝现代化方向迈进的步伐。随着治理理念和方式的改变，中国政府不可避免地会面临与市场、社会组织和大学之间相互作用关系的挑战和机遇，这些是政府在转型过程中必须妥善处理的事务。

2. 高校办学自主权

高等教育政策调整的一个重要方面是授予高校自主权，这不仅涉及大学如何与政府、社会和其他外部实体进行协调合作，还涉及如何处理内部权力的分配关系。这项政策一直备受高等教育领域的相关利益方关注。由于有许多利益方参与其中，在各层次和各类高等教育政策中，该项政策一直占据着重要的地位。想要分析我国高校自主办学权政策的演变，我们可以研究政府与高校在高等教育领域中权力关系的建构。如表 5-1-1 所示，我们可以据此了解与高校办学自主权相关的政策法规。

表 5-1-1　与高校办学自主权相关的政策法规（部分）

政策法规	发布主体	发布日期
《教育部直属高等学校暂行工作条例（草案）》	中共中央（批准）	1961 年
《关于高等院校下放问题的通知》	中共中央	1969 年
《关于教育体制改革的决定》	中共中央	1985 年
《中国教育改革和发展纲要》	中共中央、国务院	1993 年
《高等教育法》	全国人民代表大会常务委员会	1998 年
《关于深化教育改革全面推进素质教育的决定》	中共中央、国务院	1999 年
《关于全面深化改革若干重大问题的决定》	中共中央	2013 年
《关于进一步落实和扩大高校办学自主权完善高校内部治理结构的意见》	国家教育体制改革领导小组办公室	2014 年
《关于深入推进教育管办评分离 促进政府职能转变的若干意见》	教育部	2015 年
《关于深化教育体制机制改革的意见》	中共中央办公厅、国务院办公厅	2017 年
《中国教育现代化 2035》	中共中央、国务院	2019 年

从 1949 年开始，我国逐渐将自主办学理念融入政策法规中。1961 年，中共中央批准试行《教育部直属高等学校暂行工作条例（草案）》（简称《高教六十条》），然而不久之后，该草案被搁置，未能正式实施下去。1969 年，中共中央颁布了《关于高等院校下放问题的通知》，该文件强调将大学的管理权限从中央移交给地方，这使原本不稳定的高等教育再次面临挑战。在以后几年里，高等教育

缓慢发展。之前颁布的《高教六十条》已经被人们确认仍然有效，相关人员对其修订后，再一次发布并对其中的政策措施加以实施。1979 年 12 月 6 日，苏步青、刘佛年、李国豪、邓旭初 4 位领导共同在《人民日报》刊登文章，强烈倡议高等学府应当拥有更大的自主办学权。1985 年，中共中央发布了《关于教育体制改革的决定》，其中明确规定高等学校拥有教学、招生、科研、人事、财务和国际交流等主要权力，从纲领层面明确并巩固了高校的自主权。1986 年，国务院发布了《高等教育管理职责暂行规定》，以赋予高校在人事管理和基础设施管理方面更多的自主权，这对于我国更有效地解决此前困扰高校的自主权界定问题提供了帮助。自 20 世纪 90 年代起，随着我国逐渐建立社会主义市场经济体制，国家开始强调发展市场经济。在这一情形下，高等教育的自主权改革得以重新启动。中共中央、国务院在 1993 年 3 月发布了《中国教育改革和发展纲要》，该纲领性文件强调高校可以在有利的外部条件下自主办学，并通过逐步优化制度、宽松化外部环境，推动高等教育机构有效实现自主办学。

1998 年，中华人民共和国第九届全国人民代表大会常务委员会第四次会议通过了《高等教育法》，该法律文件涉及支持高等学校自主办学的相关规定，同时确认了大学的自主权，其中涉及法律层面和具体制度两个方面。从法律层面看，首先，高等学校应当独立办学，并与社会密切联系；其次，政府需要确保大学在科学研究、文学艺术创作和其他文化活动领域拥有合法的自主权利。在具体制度上，规定高等学校的办学自主权主要包括“调节系科招生比例”“设置和调整学科和专业”“制订教学计划、选编教材、组织和实施教学活动”“开展科研活动、技术开发和社会服务”“开展国际交流与合作”“管理和使用学校财产”以及“设置内部机构和聘任人员”①。自 21 世纪开始，尤其是从 2010 年，相关部门发布《国家中长期教育改革和发展规划纲要（2010—2020 年)》起，中国高等教育的管理体制改革主要集中于两个方面。其一，重塑政府与高等教育机构之间的互动方式，以推动更多的自主权下放。这涉及将学科专业设置和学位授予权等事项下放到教育行政机构的权限范围内，并同时赋予高校更大的自由度和灵活性，使得财政拨款的使用更加便利。此外，职称评定和人才评价等权限不再被教育行政部门独揽；其二，重点关注学校内部管理结构的改革进程。自 2010 年以来，一连串文件陆续出台，涉及学校章程、学术委员会等机构规范建设，旨在将强化校院两级管理机制作为教育综合改革的重要任务。

① 陈兵．论中国高校办学自主权[D]．武汉：中南财经政法大学，2020．

随着时间的推移，现代高等教育必须适应新的发展需求并抓住新的发展机遇。为了实现我国高等教育的重要战略目标，即加强世界一流大学和学科的建设，我们需要进一步加快推进高等教育现代化的进程。根据2016年制定的《国家创新驱动发展战略纲要》，我们需要建立符合中国特色的现代大学制度，以便我国部分高水平大学和学科能够达到国际领先水平。为了提高高校的治理水平，我们需要进一步分离管理、教学和评价职责。同时，高校需要拥有更多的办学自主权，并引入现代化的治理方式，逐步完善发展战略。我们还需要努力促进高校内部管理模式的创新。

（二）推动政府职能转变

1．推进政府简政放权

在我国高等教育的起步阶段，政府采取了全方位规划、协调和直接干预等多种手段，以促进高等教育的迅速发展。随着高等教育的普及，政府承担的职责也在不断增加，然而这种情况可能会加剧行政权力与学术权力之间的矛盾，限制大学的学术自治权，并且增加政府的负担。因此，政府、大学和社会需要紧密合作，相互协调，以推进中国特色现代高等教育治理体系的建设工作，这对于高等教育的改善而言是极为关键的。我们的目标应该是通过重新定义政府职能，建立政府、社会以及大学之间新型的关系，并建立完善的制度体系、明确职能边界并实现多元主体的共同治理，以实现改革目标。具体而言，这些因素涉及加强治理效率、稳定性和响应能力的要求，以及确保公民参与、促进廉政、保障公正、实现问责、提高透明度等方面的重要内容。

2015年，教育部发布了《关于深入推进教育管办评分离 促进政府职能转变的若干意见》，该文件着重于推动政府依法行政工作，深化政校分离，并强调在评估学校方面必须遵守相关政策法规。此外，该文件还强调直到2020年，政府机构必须准确落实管理层面的法律法规，同时支持各级学校进行自主办学，以政府政策法规为导向加以运营；积极促进各界人士的合法参与和监督，以创造一个崭新的教育公共治理氛围。要为高校的自主办学提供更加有利的条件，就需要调整政府职能，使得行政部门能够更快地下放权力。这样，高校就能够创新其管理机制，并且不断拓展发展的空间。

2．加强事中事后监管

除了促进政府简政放权外，我们还需提升政府宏观管理能力，并设立高校自主办学的外部监管机制，以确保政府在监管自身职责时更加高效。我们应该在深化监管措施的基础上，尽快建立和完善对外部支持和监督机制，并积极鼓励社会各界参与监督高校的办学，还要强化对高校的事中和事后监管。依靠政府的有效监管，我们可以确保学术权力的最大限度发挥，最大限度地确保高校的运作环境的廉洁。

3. 优化政府教育服务

教育公共服务是政府的基本职能之一，其重要性不言而喻。假如政府开展了高等教育的宏观管理工作，并建立了相应的监督和保障机制，那么接下来应该做的是集中精力加强对学校的支持，以确保高等院校能够获得充分的政策指导和资金投入。比如，政府正在积极支持某些高校成为高等教育改革的试点，并参与这些高校的治理，全程监督和评估其改革进程。同时，政府也为这些高校提供了必要的经费支持。由于试点取得了明显的成效，政府计划将其推广至整个城市。而在面对缺乏实质性改革内容和工作进展缓慢的情况时，政府需要构建退出机制。具体而言，为了确保教育质量，政府应该有目标地在基础设施建设、教育经费投入以及教师队伍建设等方面提供有针对性的支援，特别是在建设用地方面，政府必须严格遵循节约用地原则，结合各类高校的发展规划和实际需求，进行科学规划和安排，以提高高等教育资源的使用效率，并提升其承载能力。

（三）落实和扩大高校办学自主权

1. 落实高校办学自主权

自 20 世纪 80 年代以来，我国高等教育管理改革的基本理念之一就是促进高校办学自主权的扩大和落实。政府在出台政策文件和法律规范时，越来越强调高校自主权的概念和重要性。为了促进当地高校的自主权落实和执行，各级政府制定了教育行政权力清单和责任清单等制度。我们需要采用科学的方法与理念，强化顶层规划，确立不同高校各学科的建设与发展目标，并在统筹和利用各类学科建设资源方面认真斟酌。为了提升学校的学科建设水平，各级政府需要建立一套科学的学科评估机制。该机制需要能够为高等学校自主决定学科名称提供指导，同时要能够激发高校作为学科建设主体的积极性和创造性。

随着政府简化行政手续和高校自主权的进一步加强，高等教育领域中的自主权主要涉及在一定法规范围内对人力、财力和物力进行合理调配和监管。目前在我国，一些高校正在进行改革和探索，以扩大自主权。为了支持学校自主办学，我们需要打破传统思维模式，把关注点从学校、政府和社会之间的权力关系转移至关注社会组织和高校之间权力的分配和运转方式上。我们必须明确，当前限制高校自主权和社会参与高校办学的主要障碍源于内部问题，而不是外部问题。也就是说，这些限制类问题存在于学校和社会组织内部。尽管政府在简政放权方面采取了措施，但现实情况是，高校与不同社会组织所拥有的权力，主要集中在高层管理者以及参与管理的社会组织领导手中，权力下放到基层管理层的目标并没有完全实现。通常情况下，高校和社会组织内部的自我调控和自我约束能力不足，这就导致权力分配和运用变得无效，从而导致政府对它们缺乏信任感。

2. 明确高校自主权力清单

高校在开始有效行使被下放的权力之前，需要详细审视和整理自主支配权力的使用情况。最近几年，政府在改革上越来越积极主动，且引入了权力清单制度，像自贸区那样对其进行管理。政府部门必须梳理自身职责和权力边界，无论是在行政审批还是行政执法方面，都要制定并公开发布相关清单以满足法规要求。权力清单制度的主要目标在于规范政府行使行政权力的界限，侧重于改革行政审批体系，以期达到更加有效的管理效果，这是由于审批权力能够直接彰显政府部门的行政权力。自实施权力清单制度以来，有关方已经建立了责任追究机制，强调了责任意识的重要性，从而改变了“强调权力、不重视责任”的现状，并且更加关注责任的承担。

在高等教育领域，权力清单制度也体现在高校办学自主权方面。具体来说，主要是从三方面同时着力。

（1）坚持简政放权

加快政府职能转变，把由高校自主管理更好的权限交给高校，让高校有更加充分的自主办学空间。

（2）坚持权责统一

引导高校依据学校章程完善内部治理机制，确保有基础用好自主权，有机制自我规范自我约束，有渠道接受举办者和社会的监督指导。

（3）坚持放管同步

改进政府宏观管理，履行好举办者的责任义务。加快外部支持和监督体系建设，引导社会各方给予高校自主办学更多支持。

二、政府、大学与社会的关系及其优化

平衡政府、大学和社会之间的权力关系，是高等教育管理现代化过程中非常重要的一项任务，具体涉及政府、大学与社会之间的互动关系。简化行政程序和

实行分权是政府与社会互动中必不可少的组成部分。除了在高等教育方面实现放权，对于政府而言，还有许多其他“社会”的领域需要实现放权。大学除了要实现治理多样化外，还应以服务社会为主要目标，促进自身与社会的互动。因而，要大胆探索新的途径，以建立大学、政府和社会之间更加紧密的联系，并对其进行必要的管理调整，以确保推进教育治理体系和治理能力现代化的速度。除了政府和大学之间的互动，大学与社会之间的相互关系也是推动发展大学的重要因素。政府与大学之间需要建立良好的关系，因为这是大学与社会积极互动的基础，对于推动高等教育发展而言是必不可少的。

随着时间的推移，在21世纪之后，人们逐渐意识到加强政府、大学和社会之间更深入互动的重要性，这引发了相关部门采取相应改革举措的行动。2015年，教育部制定了《关于深入推进教育管办评分离　促进政府职能转变的若干意见》，该文件鼓励实行“管办评分离”“放管服结合”等措施进行改革，以促进学校理事会、校务委员会等机构的发展，并积极推动社会力量参与学校管理和评估工作，促进产学研发展深度融合、资源共享等目标的实现。

（一）政府、大学与社会关系的国家改革思路：管办评分离

1. 我国教育管理体制改革的三个阶段

自1985年，我国开始进行教育管理体制改革。这项改革经历了三个主要的演进阶段：首先是侧重于管理，接着逐步转变为注重管理和教学，最后向强调管理、教学和评估转变。

在初期阶段，我国教育管理体制改革重点关注的是管理方面。1985年是中国教育体制改革的重要年份，中共中央发布了《关于教育体制改革的决定》。这个决定在最高层面上规定了中央和地方政府的权责范围，这是当时中国教育体制改革变化最显著的标志之一。该文件明确规定了地方政府承担基础教育管理责任，要求其按阶段分级管理各类基础教育学校。此外，各地政府可以根据本地实际情况自主制定并执行相关政策法规。地方政府负责基础教育阶段各级学校的日常管理，国家仅就关键政策和方向提供宏观指导和管理。中等教育界需进行改革，推进职业技术教育的发展，以重构中等教育体系。中等职业技术教育的责任主要由地方政府负担。高等教育界则需推行由国家、各省（自治区、直辖市）以及主要城市组成的三级办学机制。

在第二阶段，我国的教育管理体制改革开始强调管理和办学两个方面的平衡。自20世纪90年代末以来，我国不断深化经济体制和科技体制改革，致力于发展

社会主义市场经济。这一进程与改革开放政策的持续推进密不可分。相应地，我国也日益深化教育体制的改革。我国早期的学校教育主要由政府集中管理，这就导致地方和社会各界的办学需求没有得到足够的重视。1993年，中共中央、国务院制定了《中国教育改革和发展纲要》。这项纲要以政府为主导，以鼓励全社会共同参与的教育组织模式为特征，充分尊重社会各界对教育需求的看法和差异。随后，为了增强我国的综合实力和国际竞争力，社会各界一致同意优先发展教育。在1998年，教育部发布了《面向21世纪教育振兴行动计划》，该计划旨在营造全社会对教育重视和支持的氛围，并加强教育管理体制改革；积极响应国务院的政策，号召各界大力支持和鼓励社会力量参与办学，并通过正确引导和强化监管来推动社会办学的平稳发展。在此阶段，政府主导推进校园制度改革，以此为背景，社会各界积极响应，促进了公办和民办教育的共同繁荣，形成了一套新的体制机制。

在第三阶段，我国已成功实现了教育管理体制的转型，从单一的管理和教学方式向综合的管理和评估模式转变。在1999年，在教育改革的框架下，中共中央、国务院颁布了《关于深化教育改革全面推进素质教育的决定》，该文件以深化教育改革、全面推进素质教育为目标。教育部在2004年公布了《2003—2007年教育振兴行动计划》，该文件提出了改进教育监管和评估制度的措施，以确保教育的发展和改革目标得到有效落实。此外，在绩效评估中，要将监督和评估结果视为主要的参考要素；持续改善教育监管系统建设，逐步提高监管人员的专业水平，同时不断优化教育监管和监测程序。越来越多的人将评价视作我国教育发展水平的主要体现。

2. 教育管办评分离的提出

我国教育管理体制的改革史分为三个发展阶段：强调“管理”、注重“办学”和关注“评价”。最终，有关部门强调将管办评区分对待。这一理念旨在细化教育管理职能，促进其更加专业高效。当然，在实施管办评分离的过程中，我国高等教育经历了多次改进和优化。最初提出的是对“管”“办”进行分离。尽管《国家中长期教育改革和发展规划纲要（2010—2020年）》已经提出了管办分离的目标，更具体地可以阐述实现这些目标的详细步骤并未被明确出来。2013年，中共中央颁布了《关于全面深化改革若干重大问题的决定》，其中首次提出了“管办评分离”的全新概念。该观念强调政府和学校应当分别承担具体的职责，并落实教育权力下放的措施。第一，政府应当加强对省级教育规划的统筹，同时保障学校有自主决策权，以帮助学校探索更有效的校内管理方式。第二，为了推动评估工作的进展，政府需要让社会组织来执行教育评估和监测工作，从而促进相关任务的实施，然而这并不意味着政府对其完全放任，其需要加大监管力度，承担加强全国教育督导的职责。第三，政府需要不断改进和完善采购服务、基金设立、助学贷款、捐赠鼓励等机制，以促进各种社会群体参与学校的运营和管理。

教育部在2010年制定了《国家中长期教育改革和发展规划纲要（2010—2020年）》，同时着手策划，积极推动《关于深入推进教育管办评分离 促进政府职能转变的若干意见》的起草与实施，力求实现我国的教育转型目标。该工作经过相关人员全面的教育系统研究后，于2015年3月被提交至国家教育体制改革领导小组审议，并获得了批准。教育部在2015年5月发布的《关于深入推进教育管办评分离　促进政府职能转变的若干意见》，重点强调了教育管办评分离的实际意义和具体实现措施，认为“管办评分离”是一种有效的可以实现政府职能转变的做法，此外该文件还明确提出了具体要求，旨在推动政府的职能转变。由此，我国教育领域已经确立了一条明确的路线——教育管理中的管办评分离。此路线的中心和要点在于强调政府应承担“管”的职责，促使教育管理发生转型变革，进而由直接管理转向更加灵活的间接管理模式。就“办”而言，其主要目的在于加强学校的自主权。这意味着学校想要进一步提升自主管理能力，必须在逐步强化学校行使自主权的基础上，政府需要更加坚定地巩固其办学的基本地位。关于“评”，根据该文件，政府需要按照法律规定进行评估，并制定科学的评价模式。除了加强专业机构和社会团体的评估工作外，政府还需要更为有力地强化学校的自我评估和教育监管职能。

3. 管办评分离与多元治理

管办评分离是一项制度性的安排，旨在推动教育治理现代化进程，以此来提高公共部门的运作效率、提升公共产品的质量。公共管理学的理论框架认同该理念的重要性。为推动公共部门的改革，我们需要实现公共管理理论对委托代理理论和公共选择理论的核心要义的借鉴吸收。根据代理理论，政府、学校和纳税人之间存在一种代理关系，即委托代理关系。确切地说，政府作为纳税人的代表，负责管理公共产品的生产和提供，而学校则直接承担着这些公共产品的生产和提供的责任。由于各方所关注的利益点不同，它们之间可能会出现利益冲突。在委托人和代理人之间，也很可能会因为意见、需求的不同而产生分歧，尤其是在信息不对等的情况下，更容易出现这种局面。公共管理改革倡导者主张让专业机构负责生产和提供公共服务的职责，并让政府改变“划桨者”角色，承担指挥舵手的职责。同时，公共管理改革倡导者也提倡使用公众选择机制来提高公共产品和服务的效率，提升其公平性、响应能力，以便为各利益相关方提供更高品质的公共产品，更好地满足利益相关者的需求。

“以往社会和公共事务常以政府的单一主导控制为主，但在新的发展形势下，这种方式难以应对日益复杂的局面，势必要进行变革。这种变革的关键就在于多元主体的互动合作，即除政府参与外，社会各界也应当参与进来，开展协商互动，实现共同治理。”① 目前，我国正在积极进行治理体制改革，并将其视为践行多元治理理论的一个重要组成部分。治理理论强调政府不再独自承担公共管理任务，而是与私人机构或第三方合作，协同提供公共产品或服务。这种方式鼓励多方互动与协商，进而形成一种多元化的治理模式。所以，为了确立一个高效的治理体系，政府需要改进现有的政治或行政机构的治理制度。为了实现有效治理，这个制度必须具备权责统一、公开公正、高度透明、反应迅速和高度公众参与等特征。此外，政府还需要进行权力下放的变革，将更多的权力赋予基层政府、企业和社会组织，让它们来承担管理和决策的职责，借以激励它们更加积极地参与治理事务。为了增强多元治理的效果，政府需要与非政府机构、企业和居民等各方保持紧密联系，共同开展高效协作，以建立流畅的社会治理网络。只有这样，政府才能巧妙解决社会难题，并顺利推动公共事务的高效运营。

自党的十八大起，中国的法治社会建设理念已经发生了变化，国家已经开始注重多元治理，并把重点放在了提高治理效能上。这种治理方式倡导教育领域遵从“管办评分离”的理念，具体教育行业的具体改革计划。根据《关于全面深化改革若干重大问题的决定》，在进行全面深化改革时，我国需要就教育领域展开全面改革，其中一个非常重要的任务是建立一个现代化的教育治理体系，以推动“管办评分离”的实施。现代教育管理机制应当采取简化行政手续、减少政府干预（简政放权）的措施，以促进社会建设发展并提高社会各方的参与度。在2014年召开的全国教育工作会议上，一些人表示“管办评分离”措施的实施旨在实现权力下放，将原本由政府集中掌控的“管办评”权力分散至各相关方，以促进“政府管理、学校办学、社会评价”三者的协同发展。具体来说，会议内容强调加速政府职能转型，革新教育管治方式；促使学校充分发挥其应有作用，加速现代化学校建设；鼓励社会第三方参与评价，使其扮演评价环节的重要角色，有效提升民间对教育监督的参与度，以创新教育治理体系、提高教育治理水平。目前，社

① 陈木花．公共治理模式下我国政府与非营利组织关系研究[D]．成都：西南交通大学，2010．

会各界普遍认为，“管办评分离”政策的目的是化解长期以来在教育领域中政府、学校和社会之间在三者联系上所存在的紧张态势与相关问题。

4. 管办评分离改革的实践

我国教育领域长期以来存在管办评一体化的不良问题，为解决这一问题，2015 年 5 月，教育部印发了《关于深入推进教育管办评分离 促进政府职能转变的若干意见》，并开始针对管办评分离进行试行改革。在 2015 年 10 月，教育部还发布了一份通知——《关于确定教育管办评分离改革试点单位和试点任务的通知》，在全国范围内确定了 12 家单位为试点单位，试点工作持续两年。这是一项复杂而艰巨的事业。试点包括两种类型：综合试点和单项试点。前者是指在城市或地区范围内全面开展试点工作，涉及教育管理、办学、评估等各个方面，并以系统化、整体化思维来推进；后者指的是在地市或学校层面进行单项试点，针对管理、行政和评估方面进行分离和独立评分。管办评分离改革工作实践实施以来，取得了可喜的成果。

（1）初步确立教育公共治理理念，形成了改革共识

在教育领域，我国政府正在逐步推行渐进式改革，即管办评分离改革。随着改革的不断推进，教育公共治理理念也得以逐步确立。12 家拥有工作基础的单位在推进改革过程中，积极传播教育核心思想：秉持管办评分离改革的原则，同时强调其的重要性和政策措施。这些单位还在积极争取政府工作者、教师、校长和整个社会的支持和参与方面付出了很多努力。以满足社会的需求为目标，它们构建了一个新的体系，涵盖政府主导、多个部门协同、学校自我管理以及社会共同参与，并形成了一个改革潮流化、多方交流的新局面。这有效地提升了各地对改革的认同程度，推动了教育公共治理理念的初步确认，同时为全国更深入地推进教育管办评分离改革打下了良好的声誉基础。举例而言，北京东城区为了满足人民对高质量教育的需求，付出了大量精力推进学区制度的改革。同时，该区还坚持公平导向，其义务教育改革方面的工作越来越受到广泛认可，许多学校工作人员、教职员工和家长们都对其持肯定态度。

（2）基本形成教育公共治理雏形，取得部分实质性突破

管办评分离改革重点是对政府、学校、社会之间存在的责权关系加以协调改进，同时构建科学的互动机制，以提升各方参与教育公共治理的积极性，为实现教育公共治理奠定坚实基础。各个试点单位需要有效构建协商合作机制，并促进上述三方的互动关系的提升，确保三者实现互利共赢的目标，确保可持续发展。

各方可通过合作、协商和建立伙伴关系等方式，参与教育事务的管理，从而

在选择、监督和参与教育事务方面获得一定权利。通过建立教育行政权责清单和协同各方职责范围的整合，试点单位可以实现政府主导、多元协同的教育公共治理，进而明晰行政部门权力的纵向和横向配置，为教育公共治理的形成打下坚实基础。一些地区已经采取了“政府为主、多元协同”的措施，以加强教育治理的“协同治理”，教育公共治理雏形开始逐渐显现，并取得了显著的进展。为了建立多样化的评价方案，各试点单位都在一定程度上提高了评估的透明度和独立性，以打破仅由政府主导的单一评价模式，同时也激发了更多参与者参与到教育评估中来。该做法为多元评估系统的构建开辟了方便之门。

(3) 深入创新管办评分离实施路径，取得了较好成效

推进教育管理体制改革，实现管办评分离改革的目标，是一个全新的任务，需要我们进行深入探讨，但目前相关部门尚未协商出确定的解决方案。试点单位在考虑各自地区的实际情况后，尝试了多种创新实践措施，已经取得了一定的成绩。这些具体举措明显地提高了行政效率，使得学校在创新方面更具优势，同时为教育评估提供了指引，也提高了学校所在地区优质教育资源的供给水平。

首先，政府职能的转型使得行政效率和管理效能得到了明显的提升。在试点地区，相关人员通过改变服务者的角色，探索出了一种可行的宏观管理策略，成功提高了管理效率，不仅成功地解决了该地区教育方面的问题，还在促进教育公平和提高教育质量方面产生了积极影响。举例来说，青岛市教育局正在积极倡导全市教育现代化进程，运用《青岛市教育设施布局专项规划（2019—2035 年）》的策略，重新规划教育设施的布局，以确保各种类型的教育资源均能平等分配和合理利用，特别是高品质的教育资源；注重解决教育资源配置不足问题，特别关注偏远地区、薄弱学校和弱势群体，以减少地区差异为目标，致力于推动每个人平等获得基本公共教育服务的权利。

其次，学校被授予了更多自主权后，其办学活力也被有效地激发了出来。为了推动教育改革和发展，试点地区对学校管理体制进行了改革。这一措施赋予学校更多自主权，具体涉及人员使用和财务管理等方面的决策，从而激发了学校领导、教师和学生的积极性。这进一步促进了教育人才的成长，同时也使教育资源的分配更加优化，提高了教学水平。

比如，为了激发教师的工作热情，重庆市在江津中学和重庆工商大学实行了一项新政策。这项政策对奖励性绩效工资比例进行了调整，并改进了分配政策，使其着重于效率，而非仅仅关注公平。这一改革在试点学校取得了成功。另外，沈阳市采用具有灵活性的方案，设计并选择了一种教学模式，旨在开创一种开放

式教育新思路，着眼于扩大优质基础教育资源的范畴。这种模式提倡与各种资源生产者或供应商合作，为引入更多的优质资源并取得增益提供了契机。

最后，使评价更为独立、更为专业，更进一步地发挥评价对于引导的实际作用。通过调整评价方法、完善评价标准，以及采用多种教育监测评价方式，试点地区有机会实现通过评价结果指导教育决策的目标，同时能够最大限度地发挥评价的引导作用。

（二）超越管办评分离：第三方的培育与规范

1. 政校与社会关系优化中的政府角色及职能定位

为了有效地分离评估和管理职能，高等教育需要通过可靠的机制转变政府的角色，明确教育管理责任。政府需要优化教育管理机制，采取有效措施简化行政流程，逐步将政府职能下放给社会，以此提高我国教育公共服务的水平。此外，政府还要不断厘清不同级别政府的职责范围，并遵循法律法规对各类学校的运营行为进行规范，逐渐实现教育层面的“管”“办”“评”的分离。

政府应集中精力管理和推进自己可管理和运营的事务，对于那些不在其管辖范围内或其自身难以有效管理的事务，政府应适时地授权给市场、基层或社会处理。在推行管办分离改革时，这是一种切实可行的手段。政府在进行一系列改革的过程中，不仅要努力成为现代化的法治政府和服务型政府，同时也应接受改革和推动自身职能的变革。想要实现该目标，政府需要强化简政放权、加大监督力度、努力提升服务质量。

2. 第三方社会组织的培育

教育治理要实现政府、学校和社会的多元化治理，而第三方社会组织的评估至关重要，是其中不可或缺的一环。在推行管办评分离改革过程中，让第三方社会组织参与评价一直是难以实现的目标。从本质上看，其困难源于我国社会组织发展史上存在的缺陷。在笔者看来，实现该目标的重点在于“培育”。成长为有实力、有经验和有资格参与教育评估和治理的机构，需要第三方社会组织付出相当长的时间和程度很大的努力。

对于第三方的定义，学术界尚未达成共识。据西方国家的调查研究，人们通常用“第一方”来称呼被评估者，而“第二方”则用来指代与其有关的服务对象。在此背景下，在西方国家眼中，“第三方”指的是除了被评估的对象和其服务对象之外的其他方。换言之，第三方通常被称为“独立的第三方”，因为它与前两者无关，它们之间没有任何利益冲突或诉求矛盾。在实际实施中，我国学术界的讨论主要集中于如何确定机构或个人是否具备“第三方”评估资格。据一些专家称，“第三方”被划分为两种，即独立第三方和委托第三方，它们都是独立的、自主的，不受政府及其上级机构的干涉。另外，还有一种角色被称为第三方，其与政策制定者和执行者不同。从政策层面看，除了政府和一般公众，我们可以根据参与主体的属性，将其他类专业机构视作“第三方”。尽管很多人对这种观念存在差异看法，专家普遍认为，更应该承担“第三方评估”主体职责的是非政府组织或非政府机构。就实际情况看，内部评估通常指的是政府机构自行进行的自我审查，而外部评估则通常指的是由独立的第三方组织（非政府组织）进行的审查评估。在我国初步推行第三方评估制度时，一些学者的关注点并非“第三方”在其中的主导地位，而是政府在进行评估时是否允许非政府人士参与其中。在笔者看来，我们应该以评估机构所涉及的对象和事项为依据，而非仅仅注重该机构属于民办还是属于体制内。只要评估机构与被评估对象没有任何利益相关、不归属于同一组织，并能够采用科学、合理的方法进行评估时，这个评估机构就可以被认为是第三方。

经研究发现，教育类社会组织在多个方面对教育起着重要的作用，包括教育评估、教育融资、教育咨询、教育交流及教育后勤服务等。因此，我们可以将这类社会组织划分为五种类型，并将其视作中介机构。在我国高等教育中，进行运作的第三方组织不在少数，但实际上，这些组织是教育行政部门的附属事业单位。这表示，第三方组织在人员和财务管理方面会受到上级机构的约束，无法真正独立地履行其中介职责。综合来看，目前社会组织的成熟度和实力还有待提升。我国社会第三方组织的参与面临着行政方面的限制，其在运作上需要依赖于体制内的资源支持，这就使得它们的运作方式相对更具行政化倾向。尽管第三方组织的价值十分重要，但政府的支持和保障对于它们的运营和成长而言是不可或缺的。因此，政府需要采取积极的措施来促进和引导第三方社会组织的增长，包括政策法规和资金投入等。当然，这需要政府首先确保社会组织享有应有的权利，从而强化它们的中介作用和独立性，以便充分发挥它们在教育评估方面的科学严谨价值。

财政部、教育部、中央机构编制委员会办公室、人力资源和社会保障部、国家发展和改革委员会于 2017 年 3 月 31 日联合印发了《关于深化高等教育领域简政放权放管结合优化服务改革的若干意见》，旨在简化高等教育领域的行政程序，提高服务水平，加强监督管理。该文件强调了创新监管方式，提出采取监督和第三方评估手段，而非仅仅简化程序；鼓励专业团体和社会组织积极投入教育评估工作，并倡导各类机构，包括专业机构、基金会和行业协会，积极参与社会评估活动。同时，上述部门将这些机构进行的社会评估列入政府采购服务的范畴内。这实际上对于推动和支持第三方机构的发展是很有帮助的。只有第三方组织发展壮大后，才能成功接收政府下放的职能，如开展评估等工作；只有削弱政府在教育评估中的干预程度，加强社会对教育的评价，我国的评估体系才能更贴合社会发展趋势。

3. 第三方社会组织的规范

高等教育评估可以由专业机构进行，其包含两种类型：自主开展和受委托开展。政府文件和法律法规明确支持让第三方机构执行教育评估相关措施，以此促进推广，不过高校与社会的互动关系不局限于社会对高校的监督，还包括规范和引导社会力量对高校进行监督。我们应该积极助推第三方评估机构的发展壮大，并加大力度提升它们对高校建设的参与度和服务水平。与此同时，政府需要加强对第三方评估机构的规范和管理。在促进教育全面改革的制度供给方面，我们可以按照以下两个主要方向进行探索。

（1）行业自律与第三方评估的元评估制度

元评估是对教育评估机构的评估，其重点在于评估第三方机构本身。教育评估协会负责对评估机构进行验证，以确保其符合行业标准。当然，教育评估协会也需要对其专职和兼职员工的资质进行仔细核定。为了确保协会成员在进行评估工作时遵循规范化操作标准，有关部门需要构建自律规范，并建立评估工作程序和服务质量标准。同时，有关部门还应积极接受社会各界的监督投诉，以保证服务质量。除此之外，教育评估协会还需要与自身成员、其他组织以及服务对象建立并维持良好的互动关系，同时要遵循相关的法律法规和政府规定，履行规章制度所规定的其他职责。教育评估协会应该主动探索教育评估计划，以提升评估机构的资源利用率；要致力于获得政府的授权，以确保顺利完成评估任务，促进教育评价水平的不断提高。另外，为了促进协会自身的发展并推动市场进一步的优化，教育评估协会需要积极推行市场评估计划。为了让第三方评估机构获得认可，该协会需要制定明确的市场评估评定规则，确保标准统一。

（2）正当程序在评估过程中的应用

一般情况下，如果执行相应程序的人遵守合法的程序和程序正义原则，那么就算这些行动会对其自身产生负面影响，他们也会更容易赢得公众的信任，并达到良好的效果。所以说，我们需要遵循正当程序理论来确保教育评估的公正性，不能仅仅依靠机构资质开展评估工作。也就是说，按照程序正义理论，教育质量第三方评估机构应将程序设计的评估当作工作核心。

（三）高校与社会关系的重塑：渗透式交互理念

1. 利益相关者理论的导入

应用利益相关者理论可以对高校与社会之间的联系进行深入研究。20 世纪 60 年代，西方经济学家安索夫（Ansoff）创立了利益相关者理论，该理论主要研究企业如何影响社会责任以及各方利益相关者的利益。根据利益相关者理论，企业应当关注的不仅是董事会和股东的利益，还有与企业有关联的其他利益相关方的利益，以确保顾及所有相关方的利益。需要强调的是，要实现企业活力和效益的提升，关键要建立一个包容所有利益相关者参与的网络化治理机制。

哈佛大学经济学教授亨利 · 罗索夫斯基（Henry Rosovsky）将经济学理论应用于高等教育研究领域，他主张要通过将相关利益主体的意见和建议纳入高校治理政策或规定的制定过程中，消除可能出现的不公平现象。此外，他还认为领导者不能单方面作出决定。从这个角度来看，大学的管理改革方向将朝着实现平等对话、共同决策和治理的方向发展，同时在权力分配方面，力求实现一种制衡状态。根据这一理论，学校成员可以被归为四类：第一，核心利益相关者；第二，重要利益相关者；第三，间接利益相关者；第四，边缘利益相关者。通常情况下，学校管理者、教师与学生、学校董事、校友与捐赠者对应者四类利益相关者。

我们可以根据这一理论，将高等教育治理中的权力关系划分为四个不同的类型：第一，内部利益直接相关者，涉及学生、教师以及管理人员；第二，外部利益直接相关者，涵盖广大校友、政府；第三，合作关系者，即包括科研机构、相关企业、投资者在内的产学研合作方；第四，公益性服务关系者，涵盖大学所在地周围的居民与社区。

2. 拓宽利益相关者参与办学渠道

为了让利益相关者更积极地参与办学，我们可以秉持“渗透式互动”制度设计思路，开展合作开设子学院、制订培训计划、打造实践基地以及引入第三方评估等多种措施。这将有助于为利益相关者提供更多参与办学的机会。

（1）社会力量与高校合办二级学院

实际上，随着创办者资格审查过程的复杂化和审批流程的不断严格化，对社会力量而言，独立创办民办高校变得越来越具有挑战性。不过，即使如此，让社会力量直接参与二级学院的教学管理，可以有效地降低遵从相关规范所需的成本，同时也更好地发挥社会资源的作用，进而为高校提供更多便利。

（2）鼓励行业组织参与办学

我们需要建立一种崭新的协作模式并涵盖高等教育机构、行业界以及企业界三方。此模式可提升行业发展的活力，有助于行业组织与学校共同培养相关专业人士，但其前提是必须明确相应的合作要求和原则。按照该规定，我们应对以下问题进行妥善解决：高等教育所培养出的人才与社会需求不匹配；行业组织在高等教育中的参与度较为有限。此规定授权了行业组织参与高等教育的教学和管理工作，其中包括参与标准制定、发布预测报告和参与评估等。把行业组织纳入人才需求预测、标准制定和评估活动中，可以让这些活动更有针对性。这是因为行业组织具备专业知识，能够及时获取行业信息。此外，该举措还能够促进高校学科建设和人才培养，使其更符合行业需求。

为了促进高等教育在教育治理层面的发展，政府需要在制定整体规划和协调方面加强作用发挥，逐渐减少对地方高校的管理限制，并强化自身的教育监督职能。同时，高校应加强评估与优化工作，促进一流学科的快速发展。同样需要关注的是，政府要提升社会力量对高等教育管理的参与程度，应该积极引导社会第三方机构参与教育治理和评估，并制定相应政策措施，以营造多元主体参与的良好环境。要加强高校自主权，同时促进社会上更多的各界人士参与和监督高校事务。从宏观角度看，我们需要综合考虑政府主导、学校基础地位以及社会第三方机构的关键作用，以确保高等教育发展的整体协调性；从微观角度看，政府应该将依法行政作为主要推进项目之一，并且进一步整顿省市的权力和责任分配清单。此外，政府还需要有效推进行政审批标准化建设。首先，为了避免直接的行政干涉，政府可以实施一系列措施，如制定适当的发展策略、调整财政投资的评估方式等，以对行政管理模式进行改革；其次，政府内部人员可以探讨提升第三方机构的规模和影响力，采取如设立一定的准入门槛一样的手段，来确保这些机构的合法性，或者定期发布服务购买信息以方便消费者进行选择，同时要加大监管力度以保障第三方评估机构的公正性和透明度。

三、大学内部关系及其优化

在目前的治理体系中，按照种类进行分类，高校内部的权力主要包括四种：以党委为主导的政治权力、以校长为主导的行政权力、以教授为主导的学术权力、以师生为主导的学术权力。近年来，我国学术界一直在研究高等学校内部治理问题。这些问题主要包括制定和执行高等学校章程、平衡行政权力和学术权力，以及维护高校与学院之间的互动关系。在本书中，笔者着眼点在于揭示权力结构，对高校章程等并不作过多的阐述。

在我国高校中，要想全面实现“双一流”建设目标，必须对内部的关系进行重新组合和优化。自教育综合改革行动启动以来，清华大学、北京大学、上海交通大学等高等院校的改革取向在于简化学校内部的管理机构（“要权清单”），推进多样化治理制度的构建（“简政放权”）。这些院校重视对学校内部的学术自主权、师生民主权利以及行政管理等方面进行改革。

怎样在现代大学制度的框架下重新构建和改进内部关系？在笔者看来，主要包括以下几个要点：一是党政机构要在高等院校之外加强简政放权，切忌直接介入高校治理事务，同时行政部门应该加强校党委等机构的作用，并提高高校党委书记和校长的总体管理能力，以有效地管理校园内部事务。二是政府要更加严格地落实针对高等学府内部治理结构的法律规定，尤其是有关学府治理的行政规章。其中，教育部自 2010 年起以强化学校内部治理为目标而制定发布的各种行政规章至关重要，如《高等学校章程制定暂行办法》《高等学校学术委员会规程》《普通高等学校学生管理规定》。特别重要的是，政府必须强化党的领导作用，同时确保各学校严格遵守法律法规、践行相关政策。通过地方立法、章程修订和发布校内规定等途径，政府应更加具体地规定各种权限的范围。同时，通过对大学制度的调整，政府可以在制度层面促进不同权力之间关系的优化。三是高等学府应从自身实际情况出发，制定特定的内部规章制度，程序设计是其中的关键，并确保内部各类权力在规定的程序规则下合法有效地行使。

（一）大学内部治理制度框架

1. 理想的现代大学制度框架

在现如今高等教育需求不断增长的前提下，现代大学需要采用现代化的大学制度，同时借鉴企业管理模式，力求实现高校组织的效率和经济效益的双重提升。中国高等教育界在 20 世纪 90 年代就已经为创建一个符合现代化标准的大学制度努力。我们要通过进一步改善高等教育的现代化制度，来推动国家的现代化进程。这个目标具有极其关键的意义。为了使我国高等教育实现现代化，我们需要建立符合现代标准的大学制度。这项任务至关重要，因为如果缺乏现代化的大学制度，我国高等教育将会迟迟不前、无法进步，而且这项现代化计划对于大学的教学和管理水平的提升可以发挥显著作用，我们不能忽视其重要性。

现代大学制度的建设和完善需要全面系统的规划和实施。教育部陆续发布了许多文件，旨在于不同地区与学校之中推广现代高等教育体系，这些文件包括《高等学校章程制定暂行办法》《高等学校学术委员会规程》。另外，发布这些文件的目标是进一步优化大学内部治理结构，并加强大学与政府之间的联系。

2．实证调查中的讨论

一些专家学者指出，构建现代化的大学制度需要协调和优化大学内部各方的权力关系，并进一步完善大学内部的治理架构。

党委领导、校长负责、教授治学和民主管理是当代高校制度的核心构成要素。为确保高校的正常运作，政府等部门需要在立法中更加详细地规定校务委员会的职权和工作内容。如果高校缺乏关于校务委员会职责和作用的明确规定，就需要制定出相应的方案以解决这个问题。此外，政府等部门还需加强法律法规制定，明确高等院校与校董会、校友会及基金会等社会有关组织之间的关联。

就内部治理结构而言，我们需要特别关注以下三点：第一，引入校长负责制，以确保各方在党委领导下承担起应有的职责。每所高校都应当严格遵守并尊重党组织的政策决策权，这是非常关键的。第二，实现学校内部的良好治理需要校务委员会发挥关键作用。第三，各高校需要构建法律咨询制度，并坚持实施以依法治校、以法治教为核心的办学措施。

在目前行政管理下移的背景下，完善学校内部治理结构是至关重要的。不过，即使已经放权，学校内部的自主治理结构如果存在重大问题，也会引起人们的不安。因此，高校必须改进内部治理机制。在内部治理结构方面，已经有许多规定被纳入上位法中，这些规定覆盖了企业或学校内部的理事会、以校长为负责人的党委、教职工代表大会、学生代表大会等方面。这些规定对于确保内部治理结构的健全和高校的有效运转发挥积极作用。

推进高等学校建立现代大学制度，规定校务负责人的权限及其产生或委派方式。

另外，要正视当前大学内部治理中存在的问题，主要如下。

一是党委领导下的校长负责制有效性体现不够。

二是校院二级管理体制还未完全建立。

三是学校管理部门还未适应简政放权。

四是考核的有效性和科学性有待加强。

五是学术委员会的作用发挥不充分，功能没法开展和落实；要进一步完善学术议事事项的流程，落实学术委员会的功能和职责。

（二）校院两级关系优化

1. 问题意识：激发办学活力的迫切需求

相关研究与世界范围内的高等教育发展惯例表明，世界顶尖大学普遍采用“校为统筹协调、院为办学实体”这种治理模式。在管理学中，一个系统的效率取决于其内部各个主体的个体效率和组织效率。基层的活力是大学长期稳定发展的内在动力，而综合改革的目标在于有效发挥这种内在动力的作用。

（1）院系缺乏必要的自主权

众多教育管理从业者以及高校师生普遍认为，虽然学校强调推广下放管理重心，某些学校也在实践这一理念，但除了高等教育系统中的少数学校外，院系在人才招聘和财务管理方面的自主权仍然存在一定限制，这导致院系在发展上缺乏主动性与积极性。

首先，针对人员的管理。即使市属高校获得了自主进行职称评审的权利，不同的高校编制情况也存在差异，这就导致高校难以实现基层单位管理人员的下放。如此，学校会在招聘教授、研究员、工程师、管理人员和办公室工作人员等方面受到各种限制，具体涉及标准、数量限制以及职称的评定和晋升等。在这种情况下，学校自主发展的空间将会受到影响。学校管理人员集中处理事务，会导致院系难以根据各学科的不同特点制定差异化的考核方式，同时院系也难以建立起分类评价和合理的人员流动机制。

其次，针对财产的管理。自2012年以来，一些高校尝试推行“综合预算”改革。通过综合预算审核和资金打包下放，这一制度的实施实现了资源实体转移，同时使院系的统筹权得到了有效强化，它们可以更好地利用资金。尽管一些下属高校已经体现了这种机制的优越性，市属高校的院系层面仍然很少有相应的自主决策权。

最后，针对物的管理。不少基层大学员工认为，办理房产和对实验设备进行修、改、处理和调整之类的事情，需要经过一些烦琐的审批流程，而且该类事务往往难以获取及时的反馈，特别是当与资产经济收益相关时，审批流程的复杂程度往往更高，这就导致院系工作效率受到了很大限制。

（2）校院之间责权界定不清

很多基层工作人员强烈呼吁设定权力清单，这是规范下放权责的基础工作。权力清单包含以下两部分内容。

首先，正面清单与负面清单的选择。正面清单强调的是只有经过法律明确授权的行为是被准许的，而负面清单则强调的是只有法律明确禁止的行为才是被限制的。这两种观点在授权程度和风险管理方面存在明显的差异。在目前的初级发展阶段，“院为实体”是重点，笔者建议采用灵活的正面清单管理模式，让各个院系根据具体情况自主选择，并且有针对性地进行分类管理。

其次，确保权力清单与责任清单之间的平衡。许多二级学院的领导强调，在学校授权给院系的基本原则中，责权对等至关重要，管理权力必须对应一定责任，承担责任时应获得相应授权。

学校需要及时有效地指导和监督各个学院，同时也需要建立畅通有效的沟通渠道，以便院级教育工作人员可以表达政策诉求和反馈意见。建立沟通渠道，重点在于以下两点：第一，提高院系治理的透明度，增加决策的公开性，全面展示教育信息数据和成果。第二，促使各个机关紧密跟进“不掉队”。许多基层院系的管理者认为，学校的改革和决策信息在传达过程中存在困难，一方面，学校在制定相应政策时未充分征求院系意见；另一方面，所制定的政策宣传不到位、缺乏有效的意见反馈路径。

（3）院系责权组织体系不匹配

校院两级的管理水平建立在院系治理水平基础之上，而院系治理水平主要受到三个方面的因素的影响。

第一，院系党政领导的管理水平。想要提升院系治理水平，需要综合考虑领导者的个人才能和团队的协作能力。

领导层想要确保所作出的判断足够明智、政策足够合理，要了解基层情况，保持与师生紧密沟通，深入了解他们的真实需求。

学院领导层应该全力以赴，勇于承担责任，提升自身积极意识，强化自身责任感，进而妥善处理学院事务，积极与他人沟通，努力思考学院改革工作，关心学院的发展，规划未来方向，并多提出切实可行的想法、掌握解决问题的能力，只有这样的领导才能胜任学院领导工作。

第二，院系的管理体制和结构的实施情况。确保以院系为正常运转重心的基础是建立稳固且有组织性的院系管理机制和结构。

第三，保证院系内的机构设置和行政人员数量与专业化水平相契合。院系机构应该合理规划机构设置，确保人员编制与实际需求相适应，不仅要考虑适当的人数，还要关注人才匹配的情况。现如今，各城市的高校院系的组织结构和人员配置还没有适时适应社会快速发展的需要，而院系层面的每一个人员都需要掌握处理各类行政工作所需的程序和步骤，涉及院系财务、人事、资源分配、外部关系、资产管理等领域的具体操作方法。

2. 校院两级关系优化的思路

要促进学校和院系之间的良好关系，相关部门需制定规章制度等措施，如制定地方性法规等来对以行政主导为核心的管理模式进行改革，这是优化校院两级关系的必要条件之一。以下为该改革工作的具体思路。

(1) 前提：校院两级权责的清晰化

我们需要通过制度性改革方案，明确学校和学院两个层级的权力范围。以此为基础，我们可以采用不同的监管方法，以确保高校行政权力由领导型向服务型转变，使学校的行政职权能够下放到院系层面。另外，采取应用程序设计，可以促使互动关系不断优化。

改革的核心领域是各个院系，其活跃程度和推动力是决定改革成败的关键因素，而解决其中的难题，需要以“院为实体”为主。

高校院系拥有更多的自主权，实现管理重心下放可以在很大程度上协调内部关系。近年来，各个高校以学制改革为媒介，一直在努力探索将教授评选和引进人才的权限下放至学部，进而实现管理重心的下移。

从院系角度看，行政权力的转变尚未得到有效的立法支持。在高校中，行政权力通常集中在领导层手中，因此政府等有关部门有必要进一步完善立法，以将高校中层行政权力的性质从主导型转变为服务型。

具体而言，学校需要特别注重推进机构改革，进一步加大简政放权力度。一些大型高校可以考虑采纳“院为实体”的理念，改变管理模式，提升各院系的自主空间，以实现“院办校”的目标。当然，就评估而言，我们在实际操作过程中需要考虑各个大学的规模、办学特色和定位等因素。

明确每个人的职责和权限，并将相应的权力授予他们，以便他们能够承担相应的责任。笔者建议对学校部门的职能进行全面整理，并设定三类清单：审批权限清单、职责清单和服务清单，这有助于更好地规范和管理校园内的工作流程、更好地规范机关的工作职能，提升其服务水平；有助于更清晰地定义职责范围，简化流程并减少审批步骤。我们需要毫不犹豫地下放审批权限，并真正简化和放开那些可以被简化和放开的工作。此外，我们需要对流程进行重新设计，借助“一门式”服务的推动，从而对流程进行整合、简化和优化。我们需要提升服务的综合性能，通过推行“一门式服务”的模式，促进内容的协同发展，构建高水平的服务体系。在仔细交流的基础上，我们需要选择试点大学，同时建立一个“责任权利”清单，进而通过签订协议的方式，分批次逐步授权，做到责任明确。我们需要留有一定的空间，以确保授权和责任分配的匹配性，同时实现授权明确、责任对等的目标。

开展专题研究，探讨如何实现校部机关和院系机构下沉管理职能和下属事务，并合理配置管理人员，从而实现机构与人员配置的同步对等。学校应逐步推行以整体学校为基础、以各院系为主导的方式开展关键性事务。

（2）重点：强化二级单位的组织建设

如果我们将组织按照国家规定的学科划分，那么它们的灵活性可能会受到影响。在二级单位设置角度看，我们应该积极推动学术组织的跨学科和跨部门合作，以提高教学质量；要加强院系领导团队的决策能力，引入民主机制，并赋予院系更多自主管理权，涵盖招生、选拔、人才培养、师资聘用、评估以及经费使用等方面的决策权。这样，院系就能够更有效地发挥教学和科研方面的核心引领作用，此外我们还可以设立自主的二级机构，以提高教育机构的适应性。举例而言，大学可以通过成立高级金融学院、医学院和国际工商学院等次级机构的方式，来增强办学活力。这种措施能够体现机构的灵活性和促进办学水平的提升。

当前，在绝大多数学校的综合改革计划中，建立独立的、具有同类法人地位的二级机构运作机制的改革被认为是至关重要的。在具体的改革过程中，教育领导们需要重点关注两个方面：一方面是激发个人的研究兴趣；另一方面是唤起各部门对教育工作的热情。建立二级单位具有极为重要的意义。提高学校教学管理水平与整体活力是学校综合改革的首要目标。为了促进高等教育的发展，各个高校应该降低过度行政化程度，提高社会参与度，并积极与企业、事业单位和行业组织等次级单位合作。想要有效治理学校内部问题，仅仅有校级规定是不够的，更为重要的是将规定推广到各学院层面，通过促进学院的自主运营和发展，来实现学院的自我管理和约束。

学科专业的特性决定了院系所具备的自主权。因而，推进校院两级的管理体制改革必须基于“学科集聚”的原则。

具体来说，这种改革的主要思路如下。

第一，建立一个具备有效性的学术委员会体系，进而打造一个紧密的学术共同体。学术可以为学院的存在和进步提供基石，通过建立学术委员会体系，学院可以保障广大师生的学术水平，实现“院为实体”目标，从而加强学院的实力。在学院的教师和学生眼中，想要以人才兴院、以科研强院，就必须以学术立院。只有建立学术基础，才能培养更多的人才，进而开展高水平的科学研究。学术委员会以学院为基础，是学校内部的一级学术组织，其职责在于讨论和决策有关本单位学术的事项。建立完善的学术委员会机制可以推动学院形成紧密的学术共同体，并为教授在学术研究和学科建设方面提供制度上的支持与保障，使其发挥更大作用。这样一来，学院就可以构成保护教授学术自由权利的制度基础。构建学院学术委员会体系，明确委员会和分委员会的职责和权力，促进更多教师参与学术事务的决策过程，可以强化教师的使命感、责任感、荣誉感，增强他们的归属感和尊严感，是重要的促进教师参与学院工作的机制和途径。此举对学院的学科建设、人才培养、科学研究和社会服务等中心工作也非常有益。

第二，设立党政联席会议制度，强调领导团队建设和团队管理的重要性。建立并完善党政联席会议机制，规定院系必须经过党政联席会议的集体协商和决策才能作出重要决策。高校可以建立一个管理机制，采用集体领导的方式，对于重要的事情要提前谋划并采取个别商讨的措施，然后通过集体讨论和会议决策，进行分工负责。若有学术议题待决策，便需优先确立明确规范的决策程序，经院系学术委员会与相关分委员会对其讨论及审议，最终拟定最优方案。对于与教职工利益直接相关的社会议题，应优先提交给教代会研究并听取其相关意见。经过充分准备后，必须交由党政联席会议作出决策，以确保对整个流程的全面监管。要在已经进行了决策讨论的事项上，明确责任人和时间表，并强化行政执行能力。

第三，系所层面的二级体系构建以及民主化管理方式。提升学科建设的能力，优化内部联结，推动基层构建，并加强基层自治及内部监管。发挥学校二级教代会平台的效用，建立完善的民主管理、参与和监督机制。通过听取院系师生的意见并采用先民主后集中的方法，对所有提出的意见进行综合评估，最终作出符合规定和合理的决定。同时，通过师生的民主监督，消除领导者独断专行、固执己见等不良行为带来的负面影响。

（3）关键：以“资源配置”和“权力分配”为核心展开改革

针对校院两级的管理，我们需要建立一整套制度和详细的机制，而不仅仅是空喊简单的口号。这些机制应注重“资源配置”和“权力分配”，要以此为基础开展其他工作。

为了达成改革目标，必须仔细了解学校内各院系的情况，并参照学院（系）的教育目标、开支情况和学术成绩，进行资源配置的合理规划。就改革的重心而言，为促进改革进程，需要授予各院系相应的自主权，使它们能够自行决定资源的配置和制定发展策略。这些资源包括授权人、财务和设备等；逐步推进改革，使学校资源不再完全受机关职能部门的控制和分配，促使管理重心下放目标的实现，并对资源进行全面的优化配置。另外，应唤起和释放教师的热情和动力，从而激发教师进行创新和创造的热情。

（三）加强学术治理与行政管理的耦合

学术治理和行政管理的相互作用非常复杂。尽管这两个方面常常相互冲突，甚至出现敌对状况，但它们都致力于提升全局利益，且它们之间有一种相互关联和相互作用的紧密联系。这受大学基本属性的直接影响。大学作为学术性组织，在不同的学科领域内具备学术权威，从而有能力作出相应的判断和决策。大学作为社会组织，被授予了行政权力，它可以运用这项权力来确保日常运营的顺利开展，实现组织目标并履行相应使命。因在同一组织内并受到复杂的内外环境和多元利益的影响，大学内不可避免地会出现两种权力之间的交锋。

1. 学术治理所遭遇的问题

学术界与行政界的权力分配冲突体现为学术治理和行政管理之间的协调不足，通常表现为行政权力对学术权力的干涉。这种情况通常涉及两个方面。首先，在许多情况下，行政权力的干涉会直接影响高校学术权威。比如说，在学术领域，有些时候行政手段被用来代替学术权力，这可能会影响学术资源的分配、学术成果的归属和评价。除此之外，学术权力在自我管理方面存在缺陷，这可能会引起一系列学术不规范和不诚信行为。在这种情况下，行政权力常常会介入，对学术权力产生一定的影响，进而导致高校中学术权力与行政权力之间的矛盾不断升级。尽管如此，高校内部的主要权力仍是学术权力和行政权力。高校开展管理过程中需要同时发挥这两种权力的独特作用，二者都不可或缺、不可被替代。高校的学术权力和行政权力都为促进其进步而服务，二者在追求这个目标时相互配合，可以形成密切的协作关系。第一，行政权力者需要向学术从业者提供必要的支持和政策指导，以确保他们能够更有效地完成教学和科研任务；第二，学术权威也应该为行政权力的科学施行提供专业知识的支持，并针对高等教育机构的发展提供意见和可取的建议。

2. 耦合学术治理与行政管理关系的思路

笔者的目的是促进学术人员和行政人员之间的交流，强化学术人员在大学决策中的参与作用，以促进学术治理和行政管理的协调一致。

（1）加强学术人员与行政人员间的沟通

高校本质上是一种独特的组织形式，既具备高度严谨的管理秩序，又属于极为复杂的组织结构。高校之所以能够充分发挥作用，部分归功于学术人员和行政人员这两类群体。在高等教育和科学研究领域，他们发挥着至关重要的作用，当然也需要承担具体的职责，同时还必须拥有一定的专业声望。在高校内部，学术权威是指那些在学术领域表现出色、具备卓越学术水平和才能的专家学者，他们在学术事务和活动中具有重要影响力和学术事务介入权。随着我国高校的不断发展，行政权力逐渐成为大学权力结构体系中不可或缺的组成部分，并与政治权力密切相关。高校内部关系的和谐受学术人员和行政人员工作职责差异所影响，两者在价值观、权力和待遇等方面会产生一定的矛盾。

最近几年，行政部门的权力逐渐得到加强，而高校的学术自主权明显受到了削弱，这就导致高校的学术水平受到了一定程度的影响。

在现代大学教育体系中，建立有效的学校内部机制，关键在于协调管理权限和学术权限之间的关系，以促进学术和管理人员之间的沟通与合作。具体而言，这两类人员想要建立良好的联系，需要重点考虑以下三项内容：

首先，为了加强高校学术和行政人员对组织的归属感，我们应该确立共同的愿景。我们要促使双方在共享的价值观念上达成一致，鼓励协同构建高校发展的共同愿景。学术和行政人员应该将高校所认同的使命、任务、目标和价值观融入个人理念，并达成共识，以共同致力于发挥高校独特的创造力和活力。

其次，考虑到高校行政人员和学术人员的利益，我们需要公平地分配资源。现如今，大学行政管理人员和教学研究人员之间的利益分配存在一些不尽合理的情况，这可能导致他们之间产生利益上的矛盾，无益于密切他们之间的关系。这就要求我们运用科学和合理的资源分配机制，对二者之间的矛盾进行有效解决。

最后，设立一个平台促进学术人员和行政人员之间交流沟通，以加深双方的理解和信任。为了促进教学和科研的发展，行政人员应该更加注重服务态度，不断强化自身的服务意识，致力于营造良好的工作环境。学术界应不断深入了解行政人员的具体职责，并对其予以积极支持和有效配合。加强学术和行政人员间的沟通可以推动高校团队协作，有助于高校建立公开平等的交流环境，也有助于高校的正常运转和教育措施的实施。

(2) 保障学术人员切实参与大学决策

秉持“教授治校”的理念，政府与高校应当鼓励学术界的专业人才积极参与大学的决策，以发挥他们在知识、经验等方面的作用。在西方大学管理方式中，许多高校实行“教授治校”，也就是学术界的学者参与大学的学术决策和管理，并负责重要的学术问题的解决。不过，虽然中国的学术主导型管理模式正在不断改进，但仍有很大的优化空间。许多中国大学在管理模式上通常采用的是行政主导，其决策机制往往具备高度集中的特点。虽然校务委员会具有制定决策的权力，但是在该委员会的主要成员中，行政管理人员比例较大，而教授数量并不多。这意味着那些职位较低的、较年轻的教师可能无法参与高校的教育决策。

首先，多元化开辟学术人员参与决策的途径。高校需要改进决策机制和程序，以促进更多学术人员参与民主决策的制定与实施，以提升学校决策的科学性和民主性。在作出关键决策之前，学校应该请教学校的专家学者，邀请他们帮助决策人员进行充分的科学调查和论证。在制定关键决策之前，学校可以召开一次专门邀请教师参与的会议，认真了解他们的看法和建议，同时对相关规章制度进行调整优化，从而增强教师在决策机构中的发言权。

其次，清晰定义学术成员和管理人员之间的权责范围。对于学术人员参与决策的自主权的加强而言，去行政化的措施并不会产生阻碍作用。应该建立一个以学术委员会为中心的管理体系，明确划分学校的行政和学术职能，以预防行政机构对学术事务的过多干预。

最后，强化学术人员对民主决策的参与意识。一些学校认为，行政机构和行政人员在决策上扮演着重要角色，而学术人员则应专注于科研和教学，不应直接介入决策过程。就实际情况而言，大学的本质属性之一就是学术性，学术人员在大学社区中扮演着关键角色，他们具备丰富的知识和教学经验，对教学实践中的挑战了如指掌，可以为学校在教育层面的进步提供宝贵建议。激发学术从业者的责任感，并促使他们更积极地参与民主决策，有助于确保教师群体的权益在决策中得到保障，进而使决策更为科学有效。

第二节　现代教育技术影响下的高等教育现代化

一、现代教育技术是高等教育现代化的重要标志

优先发展教育，提高国民素质，这是我国现代化事业的百年大计，教育现代化是国家现代化的前提、基础与保障。新的历史时期，我国经济发展要从量的扩张向质的提高转变，由人口大国走向经济大国、经济强国，其关键是要深入地实施科教兴国战略，大力发展教育事业，加快人才培养，全面提高劳动者素质，加速科技进步，提高国家的知识创新和技术创新能力，建立起有中国特色的、结构合理的、充满活力的现代教育体系，实现教育现代化。随着社会不断向前发展、

科学技术不断取得进步，高等教育也在向现代化、国际化和未来化的方向迈进。在此背景下，教育，尤其是高等教育，扮演着比以往任何时候都更为关键的角色。教育现代化指的是一种整合当前教育理念，强调提高人才素质，重视培养学生的创新意识和实践能力，在以素质教育为中心的教育模式下，适用于广泛学生群体的先进教育方式。现代教育水平不断提升，有效推广了高中段教育、促进了高等教育大众化的发展进程。这促进了全国教育水平的显著提高，我国正在向教育强国迈进。当代教学大纲、教育内容以及现代教学设备，全面推动了教育数字化的发展。此外，师资队伍和管理水平等彼此之间的联系更为密切。就现代教育的支持体系而言，教育理念是主要的驱动力，而教育设施、技术和教师队伍则被视为至关重要的支持要素。所以，现代教育应当改进当下教育界的教学方式和资源，特别是利用现代信息技术和其他前沿科学技术，将传统的电子教育、学科实验教学、校外科技活动和创新实践整合在一起，实现教育的多媒体化和网络化，进而为现代教育技术的普及与推广打下基础。

（一）现代教育技术是高等教育现代化的有力手段

教育现代化的前提是教育理念、教育思想现代化，要实现真正的教育改革，必须进行理念和思想的转变。随着信息革命的发展，教育领域受到了巨大的影响，传统教育理念受到了巨大挑战。面对此类挑战和不利因素时，教育工作者的态度决定了教育事业能否持续发展和取得进步。他们可以采取积极的态度主动适应环境，也可以选择被动应对或漠视的处理方式。采取积极主动的处理方式对于教育行业的未来发展具有至关重要的意义。目前对现代教育技术的认识很多还只停留在形式上。例如，在如何看待教育技术上，存在的一个主要现象是没有充分认识到现代教育技术对教育的影响，对教育技术的定位不够恰当，仅仅把信息技术等先进的教育技术手段作为一种普通的辅助教学手段，摆摆样子，或供人参观，或只为提高学校档次，用传统的、落后的教育思想和教育理念指导现代教育技术的应用。

出现这种情况的原因主要有以下两个方面。

第一，所学学科的限制，一些教师在技术素养方面存在不足，他们难以正确评估这些技术的真实作用。

第二，一部分人受传统哲学思想的限制，他们坚持虚无主义观点，声称技术只是一种辅助工具，没有意识到技术能够对理论体系产生的影响。例如，对于传统教育，很多人常常将教学方法和技术与教育思想和理论混淆，而未充分领会这些方法和技术对教育所带来的影响。客观地说，这是因为过去类似的技术进展速度慢，我们必须先更新理论，才能促进技术改进和应用，而技术对理论的反馈作用并未得到充分发挥。

当前，信息技术以迅猛的速度不断发展和普及，已经超出了人们的预期，特别是在教育领域，一些信息技术已经得到了广泛运用。这一趋势清楚地告诉我们不断发展的信息技术能够对教育理论和教育思想产生积极影响。现代信息技术的应用对教育领域传统的阅读、写作和算术等教学方式带来了一定挑战，它使得阅读变得更加富有多样性，不再仅限于纯文本阅读，而是涵盖了超文本、多媒体以及高效检索等多种方式，学生可以获得更为多元化的阅读体验。现代信息技术的发展，也让写作摆脱了传统方式的束缚，人们在进行写作时，可以更多地采用多媒体写作和自动化输入方式。除此之外，信息技术也在很大程度上改变了实验方法。上述这些改变，必然会导致基础教育在内容和形式上全面转型。

随着现代科技的快速进步，教育界已经开始引入许多新颖的技术。当前，教学和学习领域通常使用卫星广播电视技术、数字音像技术、人工智能技术、多媒体计算机技术，以及互联网通信技术和虚拟仿真技术等。引入和运用新兴技术，如将音像技术应用于课堂教学，已经改变了高等教育技术的形态，卫星广播技术被用于实现遥远地区的远程教育。基于多媒体计算机技术，学生们的个性化学习正在不断普及；利用互联网技术，教师可以实现在线教育互动，同时他们也可以在进行教学模拟时采用虚拟现实技术。传统的粉笔和黑板教学模式逐渐演变为采用影像、幻灯片、电视和电影等电子化教育技术开展教学的多元化模式。现代教育技术主要运用计算机技术、视听技术、网络技术，促进学生与媒体之间的良性互动，以帮助教师完成教学任务。换句话说，现代教育技术可以担任教学角色，提供全面的学习内容，也可作为传统教学的额外资源，教学过程使用课程软件和多媒体资源进行管理，可以有效提高课堂教学效率。课程软件融合了教学内容和逻辑，能够通过具体的课件帮助学生进行学习。在这种情况下，教师以多媒体化展现教学信息，并通过光盘存储技术保留教学信息，运用数字化方式拆解、分离教学信息，采取智能化手段进行教学，并通过网络技术完成教学信息的互通。由此可见，现代教育技术的推广和普及，不断地增加了教育活动中的高科技含量，使教育行业完成从劳动密集型向资本、技术密集型行业的历史性转变，改变了传统教学中以教师讲授、课堂灌输为基础，劳动强度大、效率低的教育教学模式，并使学校教育同家庭教育、社会教育，尤其是大众传播媒介的“隐形教育”融为一体，实现教育中人力、物力资源的多层次开发与合理配置，从根本上解放了教师的“生产力”，促进了师生的创造力，还把优秀的教学资源送到偏远地区，有效地解决我国教育资源相对短缺的矛盾。因此现代教育技术已经成为推动我国教育现代化的重要力量。

（二）现代教育技术对传统教学制度提出挑战

中华人民共和国成立以来，我国以苏联的模式为基础，建立了一套教育教学制度。在这个制度中，教学标准和计划都有一定标准，同时教师、教材和课堂也有重要的责任和作用。此外，该制度还强调了以教材和课程大纲为核心的重要性，力求向学生提供全面、系统的知识教育。该制度注重考试成绩。随着大工业生产的兴起，教育制度也随之得到发展，目前的高等教育采取了工业化运营方式，追求高效率和大规模培养专业人才，因此大学被形容为“教育工厂”，以分门别类的方式进行教育。运用该教育模式，教师往往在课堂中站在讲台上，对教材上的知识点进行反复强调并重复解释，学生进行练习。这种方式无疑限制了学生的自我驱动、积极性和创造力。这种现象并不是个例，通常只有教师所传授的知识被视为课堂效果的衡量标准，而学生在自主学习、创造力和实践能力等方面的提高通常被忽略。过于偏重于某一领域的教育以及老师过度提供信息，使得学生的学习过程仅仅是被动接受，进而导致专业数量的增加，而专业口径匮乏，并且该教育模式所培养的专业人才只具备单一领域中的知识和技能，缺少创新性和适应性。学校教育导致学生独立思考能力不足，个性化程度低。这种教育模式，对应的是高度统一的管理方式和评价方式。自 20 世纪 70 年代起，随着高科技取得重大进展，科技和产业在世界范围内的发展呈现出迅猛的势头。21 世纪，人类正处于一个科技革命的高峰时期，全球正在朝着以知识为经济基础的时代转型。随着时代的发展，科技知识的范围不断扩大，更新速度也日趋迅速。因此，学生不能只是被动地接受知识灌输，而应该扮演更积极的认知主体角色；老师不能再单纯地把知识注入学生的大脑，而应该注重启发学生的思维，激发他们的学习兴趣。简单地传授知识、被动学习的教育方式已经过时。想要以传统教育模式为基底进行改革，我们需要跳出传统教科书的限制，从学生自身的学习、交流和自主探索中深入推动教育教学改革。要通过建立灵活而有弹性的教育教学体系来推动教育改革，这有助于激发学生的创新潜力，摆脱僵化的教学模式。而这个改革过程中，人的作用极为重要。要实现成功的管理，必须考虑到关键因素，其中包括教育技术的持续革新。这种革新能够为我们提供改革教学管理和更新人们观念的机遇。

1. 现代教育技术促进了管理者角色与教学管理体制的变革

要有效地运用教育技术，必须不断改进和提高教育管理水平。只有借助创新的教学管理方法，实现现代化改革，方可有效规划、开发、管理及评估教育技术。随着校园网的改进与升级，教学信息的传播变得更加精准、高效。因此，为了更好地适应这一变化，高校需要重新审视职能定位，精简机构和人员，并加强对教学质量的监督和管理。随着新技术的普及，教学管理工作者的任务已经发生了显著的转变。目前，他们需要全面掌握教学系统的知识，积极推广教育技术，并在教育改革中担起思想领袖和实践者的责任。除了授课，他们还需要承担组织教学资源、制作计算机辅助教学课件、管理教师培训及进修、统筹图书馆电子信息库和校园网络中心之间的合作等多项职责。随着我国教育界不断创新和应用教育技术，高校教育和教学方式必然会得到积极发展。这是由于教育技术的应用必须与特定的教育和教学环境相适应。通过回顾历史，我们可以发现教育形式的演变几乎都是教育技术的不断发展和创新所推动的，有时候甚至是教育技术的革新而引发的。比如，借助印刷技术，我们能更有效地传播知识、提高教学效率，进而使教学过程更具有条理和系统性。此外，印刷技术还有助于培养学生自主学习的能力，促进学校和班级教育的不断进步。所以，现代教育技术的发展与这些技术的进步息息相关。随着高科技的更新换代，教育领域不断进步并引起了教育技术基础领域的重大变革，进而为推广个性化、社会化学习方式提供了有利条件。灵活的学制和课程安排，以及主辅修制度的运用，再加上独具创意的学分制度，有助于培养具备扎实知识、高超素质、巨大潜力和发展前途的杰出人才。

2. 现代教育技术加强了教育者和受教育者主体性的发挥

从本质上看，教育是一种实践活动。这种活动涉及教育者和学生，他们能共同通过教育措施参与其中。教育者扮演“教”的角色，而学生则是“学”的主体。良好的教育不仅取决于教育者的素质和教学内容的质量，也取决于受教育者的学习态度和主动获取信息的能力。具体而言，关键是学生所展现出的选择的能力、自主性、主动性和创造性等方面的特征。运用现代教育技术，教育者可以提高自身的主动性，深入研究教育素材，同时增强教育信息来源的创新性，提高教学质量。此外，现代教育技术也可以通过实时反馈和积极互动来协助教育者更好地识别和管理教育进程，从而提升教育者的教学水平，实现针对所有学生开展教育的目标。

现代教育技术不仅支持教育者主体性的发挥，同时也有助于巩固受教育者自身的主体性特征。首先，现代教育技术的运用为学生提供了更多种类的学习体验，让学习者可以更充分地发挥潜力，获取更多信息；其次，现代教育技术使学习者能够自由选择适合自己需求的信息资源，为他们提供了大量的学习资料；再次，在教师运用现代教育技术开展教学活动的情况下，学生可以主动选择适合自己能力水平的学习方式和学习方法；最后，教师可以通过现代教育技术引导学生反复学习，使他们不断构建自己的知识体系，以寻找不同知识之间的新契合点。总而言之，通过运用先进的教育技术，教师可以推动教育主体的转型和发展，进而为培养具备创新思维的人才奠定基础。

3. 现代教育技术促进了创新教育的实现

在现代教育技术的创新背景下，教师在教学过程中能够更加独立地更新、重新组合和改进教材和课程，这样就避免了过时、脱节的问题，并且教师可以将最新的文化科学知识应用到课堂教学当中。这不仅有助于调动学生思维和创造力，还能使学生更广泛地接触到世界科学技术和文化发展的最新成果和方向。此外，创新性的教学模式更加注重提升学生在教育过程中的自主性，强调各个学科的关联性，重视对学生进行开放性的思维训练，以培养具有创造个性和广泛适应性的学生。计算机多媒体技术和互联信息技术已经深刻地影响了教育领域，不仅仅是改变了教育工具本身，更是引导了教学方式、学习体验和知识传递方式的变革。事实上，它们已经深刻地改变了教学模式和教学理念。教育技术的重要性和影响正在逐渐增强，慢慢成为教育领域不可忽视的一部分。第一，它改善了教育场所的设备。随着互联网信息技术的广泛应用，教育技术也不断在进步。现如今，学生可以通过多种方式进行学习，比如同步学习、自主远程学习、协作学习以及个性化非集中式学习等。除此之外，他们还可以利用各种信息平台和设备，参与科技作品的创作，从而不断提高个人的创造力和创新能力。现代教育系统的发展已将教育技术从曾经的辅助性工具提升为一个必不可少的因素。若没有相应的现代教育技术，这些教学则无法顺利开展。从培养具备创新能力的人才的角度看，这种教学方法和环境是必不可少的。第二，它对信息资源进行了有效优化。运用现代教育技术，教师可以非常便捷地合理配置教育信息资源，并对其实现妥善管理，进而保证学生可以根据个人需求搜索到不同的信息知识。为了激发学生的创造性思维，教师应该运用多种方法，深刻挖掘知识的内涵，从多个角度考虑问题，以培养他们的创意思维模式。为了达到这个目的，教师需要获得多样化的信息资源，包括不同类型的信息。“以学生为中心”的教学设计侧重于激发学生自主学习的能力，强调将学生置于主角地位，充分发挥其主动性和创造力，从而彰显其认知主体的地位。为了使教育走向现代化，我们需要将创新教育置于核心地位，以此培养学生的创新思维、创新意识和创新能力。因此现代教育技术应该得到最大程度的利用。

二、现代教育技术在高等教育现代化中的作用

（一）现代教育技术突破了高等教育时空限制

为了推动课堂教学，我们可以运用多种方式建立教师和学生之间的沟通渠道。在采用传统教学方法的情况下，教师往往会使用语言、教科书、黑板和图等媒介来进行教学交流。这种方法的便利性和亲切感是其主要优点，但是由于时间和空间的限制，这种技术存在难以有效呈现许多教学内容的不足之处。反观现代教育技术，具有广泛的表现能力，能够将同时获取、处理、编辑、存储、展示包括文字、图形、声音、动画等不同形态的信息，同时该技术允许教师运用多样的教学工具和手段，以生动有趣的方式呈现各种教育主题。利用这项技术，学生可以在不受时间和空间限制的基础上，获得更丰富的感知素材，扩展自己的经验领域。运用现代教育技术，教师可以将教学内容以生动具体的方式呈现，这有助于凸显事物的独特特点，让学生获得更加丰富的感性体验，进而帮助学生更好地优化自身对知识的认知过程。教师可以创意性地运用时间、空间、尺寸、速度、实际和虚拟等多种元素，巧妙地融合动态和静态要素，形成生动、有趣、系统化的教学手段，以有效帮助学生更好地掌握知识和技能。此外，教师运用该技术展开教学，可以激活学生的思维，帮助他们从直觉到理性的转化，并通过多种感官刺激激发他们的情感和动力，令他们更主动地投入知识积累的过程，不仅省时省力，同时能够达到最优的学习效果。

第一，当代教育技术能够提供安全且受控制的环境，让学生得以在理论学习和实践之间建立联系。利用超媒体网络开展教学，教师能够吸引学生的兴趣，从而激发他们的学习动机，使其成为自发性的学习者，而非被动接受知识的对象。另外，教学可以通过现代教育技术来模拟实验。比如，模拟一些重要的、但在实验室中难以完成的一些物理实验，模拟一些有害的、昂贵的、耗费时间的化学实验，模拟一些在实验室中无法做到的生物实验。这样，教师有更多的时间花在一对一的教学上，学生则有更多的机会从处置错误中吸取教训。利用现代教育技术还可以模拟社会发展和历史事件，从而使学生在教室中就能体验一下曾经发生的历史事件，真正实现时光倒转。利用现代教育技术可以演示模拟抽象的理论，化

抽象为形象，化呆板为生动。此外，利用现代教育技术也可以模拟世界各国的风土人情、历史风貌等。

第二，利用现代教育技术进行教学能使教学更加全面、生动活泼。利用多媒体计算机辅助教学，将各学科的内容按章节逻辑完整而详细地安排好，使其界面简洁朴素，人机交互友好，易于使用，再配上恰到好处的精美插图和动画，能十分生动地描述一些难以理解的概念和理论，使学习过程变得非常轻松、愉快。

第三，利用现代教育技术学生能进行观摩学习和协同学习。教师与学生之间可以进行异步教学，教师根据学生的提问对学生进行在线交谈和个别辅导，从而有效地达到教学的目的。

（二）现代教育技术促进了高等教育产业发展

康纳尔（Connall）在《二十世纪世界教育史》一书中深刻地指出，20 世纪之所以具有如此巨大的发展力量，最重要的因素是现代教育的觉醒，而现代教育的觉醒就在于教育开始注重社会功效，走向与社会发展的结合。

作为生产要素中最为关键的部分，教育可以促进人才培养、科学研究、科技开发和社会服务等领域的发展。教育所培养出的“成果”，也就是具备相应知识和技能的人力资源等，具有广泛的“价值”和“实用性”，它们不仅能保障自身的生产，还能推动整个国民经济各行各业正常运行，具有先导性特征和全局性特征。除此之外，教育行业还可以为其他行业的国民生产总值增长作出贡献，并有效促进社会经济发展。长期以来，我国高等教育都是由国家管理的，属于国家行政事业单位，教育经费基本上依靠国家财政拨款，人们都把教育看成一个消费性的公益事业，而高等院校作为行政机构的附属品，没有成本效益观念。在知识经济时代，教育已从边缘进入中心，具有了较高回报、先导性产业的性质，将高等教育作为产业来发展有利于提高高等教育适应社会的能力，是我国高等教育发展的必然走向。高校科技成果转化和产业化是高校直接为我国经济建设服务的一个重要方面。

教育作为一种产业，具有四个特征：一是知识性，它是以知识的生产、服务为主要内容的特殊产业；二是基础性，教育是知识和人才的生产者，是知识和科技的传输者，是新时代经济发展的直接基础，也是最重要的基础产业；三是全局性，教育是为全社会服务的，各行各业的发展，整个经济乃至全社会的发展都依赖于教育的发展，教育是事关全局的奠基产业；四是先导性，只有教育的发展才能培养出人才，实现科技进步，从而促进经济增长，教育是促进各行各业发展的先导产业。

在高等教育发展的进程中现代教育技术发挥了重大的促进作用。

第一，以现代教育技术支撑的远程教育、网络教学，满足了城乡居民对高水平院校传授知识的渴望，将高等教育从点扩到面，保证了高校的生源。

第二，现代教育技术使教学方式不再限于教师、教室和书本，而采用人机对话的方式，这样就可以促进各高校之间进行协作办学，实现教师、图书、设施等资源共享，合理配置了教育资源，减少了因高校扩招而必须投入的征地费用、教学实验设备采购费用、引进师资力量费用等。

第三，当今教育界广泛应用视听技术、计算机技术和网络技术，通过学生与多重媒介的互动来实现教学目标。现代教育技术不仅能够替代教师进行完成课程的教授，也可作为传统教学的额外辅助方式。教师可以通过多媒体技术制作课程软件，进而完成各种教学任务，并且对整个教学过程进行控制。另外，课程软件可以将教学内容和逻辑有机地结合在一起，允许教师通过多种媒介形式，为学生提供指导和支持。利用现代教育技术，通过网络形式，学生就可以完成从学士到博士学位的全部课程，不仅方便、快捷，而且节省教学成本。

（三）现代教育技术驱动了知识经济实现的步伐

以知识为中心的资源所构成的经济形态被称为知识经济。换句话说，知识经济是一种以现代科技为核心，以知识和信息的生成、储备和利用为基础的经济体系。知识经济本质上是一种新兴的经济形态，相较于传统的农业和工业经济，它更加注重知识和技能在经济发展中的作用，其主要特点在于：首先，知识经济的本质依赖于知识和技术的创新发展，进行创意与技术的探索、创新要积极运用知识与技术，同时也需要对知识与技术进行广泛传播。其次，在现今的知识经济时代，一个国家或地区必须具备以体系为入手点进行创新和知识创新的能力，这样才能保持竞争力。这已经成为社会发展的基本共识，而且这是增强地区竞争力的一个关键因素。再次，随着知识经济时代的兴起，人们获取的知识数量呈现指数级增长的趋势，并且这种趋势还在不断加速。最后，随着时代的进步，知识经济越发繁荣，服务行业的主要推动力和来源已经转变为知识创新，社会知识化程度不断提高，其趋势也变得越来越明显。这说明在社会中，知识和人的素质才是推动社会发展的力量，而不是土地、资本或劳动力。

根据现代化的教育观可知，教育能够促进劳动能力和创新能力的进一步发展，成为现代知识经济社会结构的重要组成；并且，现代教育投资更多地表现为一种生产性投资，教育经费的来源包括国家财政拨款和有偿教育服务费用。因此，充足的教育经费已成为提高现代化教育技术装备水平的重要物质基础。教育学家和专家更倾向于从知识经济角度对教育进行考核和评价，注重教育产生的效率和效益。要做到这一点，应将现代教育技术作为推动高等教育适应知识经济发展的重要手段。

从本质上来看，教育属于实践体系，现代教育技术则是保障教育实践体系平稳运行的工具，也是促进教育生产力发展的重要因素，而在现代教育技术不断发展的背景下，教育技术能够为现代教育提供必要的物质支持和精神支持，从而推动教育生产力的发展。当现代教育技术对现代教育产生影响时，现代教育技术就会使现代教育生产关系发生变革，摒弃其中不适合现代教育发展需要的因素，构建新型的、符合现代教育发展需要的教育体系。

知识经济的发展催生了新兴的教育技术，因而现代教育技术必然会和知识经济产生联系。由现代教育技术引起的现代教育生产关系变革，是知识经济发展的必然结果，其能够为全面推进素质教育和建立新型的教育创新体系提供必要的技术支持，为教育领域的变革提供强大的推动力。

（四）现代教育技术促进了教学、科研结合的步伐

自 21 世纪初“威斯康星思想”首次明确了高等学校的三大职能（教学、科研、社会服务）以来，科学研究已成为世界各国衡量高等学校水平的一个重要标志。

步入 21 世纪，人类的科技水平取得了空前的进步和发展，达到了前所未有的新高度。新兴技术，如生物技术、信息技术和纳米技术，正在为人类社会带来巨大改变，同时对传统的经济组织形式、生产方式和商业模式带来了深刻的影响，进而大幅提升了社会生产力水平。高科技在促进经济和社会进步方面具有不可替代的作用，可对一个国家或地区未来的竞争力的提升产生关键影响。当下，现代科技被广泛认可，早已成为促进经济快速增长的重要推动力量。因此，为了推动中华民族伟大复兴的历史进程，我们必须紧跟国际发展潮流，将我国现代化进程与新兴的文明趋势相结合。积极创新很重要，我们应该寻求一种全新的发展方法，将科技和教育作为推动“科教兴国”战略的核心，从而实现中华民族复兴的梦想。

近几年，我国的各大高校持续培养了各类杰出人才，不断提升着自身的社会责任意识，积极践行国家科技政策。站在高校角度看，科学研究是促进改革和发展的重要支柱之一，它的开展基础是高校在学科、人才吸引、信息流通以及科教

结合等方面的优势。所有高校应该把推动科技文化发展和培养优秀专业人才视为首要任务，在秉持产学研结合的办学理念的同时，以教育引导提升科研水平，最终促进高等教育的持续发展。以科研推动产业上规模、出效益，以产业促进教育上质量、出人才，在推动科技工作在经济建设主战场、发展基础研究、应用研究、高新技术及其产业化等方面取得了显著成绩，成为推动科技进步的重要方面军；建成了一批国家级科研基地，取得了一系列重大科研成果，为国民经济建设解决了一批带有全局性的重大关键技术问题，科技成果转化和推广应用取得明显成效，已经实现了从原先单一的教学型向教学科研型转化，教育功能有了很大的拓展，已发展成为我国最大的知识传播、人才培养、知识生产、知识创新、技术创新的基地和生力军。高校的科技从业人员改变了过去重视教育而轻视科研的现象，他们强调科学研究，注重将科研成果转化为实际应用。他们还把经济建设作为首要任务，集中精力解决重要问题和挑战，深入调研并努力克服困难，并在科学研究和创新引进方面取得了显著成就，推动了我国经济和社会事业的快速发展，强化了科技对经济增长的作用。客观地讲，高校具有优秀的科技专才群体，是我国经济稳步增长的关键支柱。高校也是一股强大的动力之源，可以通过科学研究成果促使我国经济建设更加高效、节能、优质。

在高等院校不断加快科研步伐的过程中，现代教育技术的应用打破了以往各高校封闭搞科研的状况，为科研人员提供了一个高效、低成本的信息仓库，科研人员利用信息高速公路，检索自己的有用信息，几分钟就可以查到世界各国最新的科技发展情况和科技动态，还可以通过电子邮件和全国甚至全世界的同行建立通信联系和业务交流。随时通过网络进行讨论和科研合作，从而加快了科研的速度。

（五）现代教育技术改变了高等教育教学模式

高等教育教学模式旨在根据特定的理论、教学思想和学习理念，为学生创造合适的教育环境和学习资源，以保持不同要素之间的紧密联系和活动的稳定结构。教学模式的形成影响因素甚多，其中包括但不限于教学理念、教学环境设施、教学方法，另外还有教师、学生、教材内容和教学媒介等多个方面的互动作用。这些要素相互交织，相互作用，能够形成一个有机的完整体系，进而构成教学活动的结构。

教育系统的人员众多。在世界各国，绝大多数国家的教育都是最大的行业。现代技术进入教育领域，广大的教育工作者首先感到了莫大的便利。从教学工作看，利用现代教育技术可以不必再依赖单一的、受教师个人水平限制的传统方式，教师可以选择自己满意的教育技术手段来达到最高效的教学效果。这些新的教学技术使得他们的教学工作不再是千篇一律、周而复始，而是被动性、单调性减少，主动性、创造性增加。新的教育技术使他们的教学工作生动多样，使学生的注意力高度集中，并且使教学具有很高的趣味性。以信息传播的三种模式结合起来同时作用于学生，可以使学生始终保持旺盛的学习劲头。

我国传统的教学模式是一根粉笔加一本教科书贯穿一堂课，以教师讲、学生听为主。对于抽象的概念和内容，尽管教师费尽心机，使出浑身的解数，学生仍旧一知半解，甚至是不得要领。如何解决这一问题，许多教师挖空心思想出了许多办法。幻灯片、投影仪、录音机、录像机、教学挂图等都各自亮相。尽管如此，教学效果仍然一般。

信息社会所需要的新型人才要求全新的培养模式，其培养目标是德智体全面发展的、具有高度创新能力和很强处理信息能力（包括信息获取能力、分析能力与加工能力）的新型人才。

在教育方面，教师应重点传授学生学习技能，从而赋予他们自主学习和知识更新的能力，不能仅仅通过大量灌输知识来解决问题，而是着眼于提升教学质量和有效性，以适应知识爆炸和快速变化的发展趋势。教师应该采用各种不同的培养方法，以适应不同学科和满足终身教育、全民教育的需求，并且要确保这些方法具有灵活性，以及不受时间、空间、地域等因素的约束。

现代教育技术为新型教学模式提供了计算机网络操作基础，其主要表现在以下几方面。

运用现代教育技术，教师可以在计算机网络中搜寻教育信息资源，学生也可以通过计算机网络自主查询和获取相关学习内容。高等教育中的新型教学模式，注重教师对学生的指导作用，即指导学生自主参与学习过程，提高学习效率和提升教育质量。教师在设计教学方案时，除了组织课程教学讲解方案，还要积极拓展与课程教学相关的教学资源，实现高等教育教学与现代教育技术的充分结合，构建高等教育现代化教学模式。教师应该引导学生分析和探究课程教学问题，从课程教学资源中获得相关答案，掌握相关知识和原理。总之，教师要积极培养学生的自主学习能力，在学生自主参与学习过程中予以必要的指导，并充分发挥现代教育技术对新型教育模式的支持和促进作用。

现代教育技术涵盖多媒体技术、交互式技术以及虚拟现实表达技术等形式，在现代教育技术的加持下，高等教育教学的内容和形式更加丰富多样。在高等教育教学过程中，教师可以利用多媒体教学工具，为学生创设更加有意义的学习情境，引导学生主动参与学习过程，从中思考和探究相关的教学问题，获得相关知识和原理。以计算机网络技术为支撑的多媒体教学，使高等教育的课堂教学呈现出交互性特征，生动、直观和趋于多样的教学资源提高了高等教育课堂教学效率，促进了高等教育现代化的发展。如今，虚拟现实技术正在成为辅助高等教育教学的重要手段，其是以电子信息装置取代原有的感知对象，可为学生提供更加真实和生动的教学内容，直观地了解并掌握所学的知识和原理。

高等教育的远程教学模式已得到广泛应用，因远程教学模式具有超越时空的开放性特征，学生可自主选择学习的时间和内容。在现代教育技术的加持下，高等学校的教师可根据教学方案在网络平台上搜集教学资源，并通过远程教学平台向学生展示和讲解教学资源中的知识和原理，引导学生在课下自主查询与课程教学相关的资源，进一步提高学生参与学习过程的自主性，此外通过远程教学平台，教师可在线上列出与课程教学有关的问题，要求学生自主从网络资源中找寻答案，然后对学生的回答进行实时指导和评价，这样便能有效完成课程教育目标。在远程教学时，教师也要注意尊重学生的主体地位，不要一味地进行讲解，做到适时引导学生进行查询、检索、探究和解决问题。当完成远程教学后，教师要留出部分时间供学生自主发言，教师可根据学生的相关疑虑和困惑进行解答，并针对学生的回答情况进行在线评价，为学生指出学习过程中存在的不足。另外，教师应提前布置好学生应在课下思考的问题，使学生能够自主查询相关资源和信息。

总之，基于现代教育技术生成的新型教学模式，能够实现高等教育教学过程要素关系的转变，即教师、学生、内容和媒体的关系转变。具体而言，教师成为高等教育教学过程中的组织者和指导者，学生成为学习过程的主动参与者和知识建构的主体，高等教育教学的过程会利用已有的多媒体教学工具，并且会将情景创设、问题研究、协作学习和意义建构等作为教学内容。当前，在高等教育中比较成熟的新型教学模式包括如下几类。

1. 模拟教学模式

在传统教学中，受实验设备和环境条件等因素的限制，教育教学活动存在一些问题，但借助现代教育技术的支持，这些问题能够得到有效缓解，教育教学得以更加充分地展开与实现。随着教育技术的不断发展，学习者能够利用各种信息资源和多元化的模拟方法，借助信息处理工具进行实验、观察、提出假设、解决问题，并在模拟情境中进行全面实践。在模拟教学模式的熏陶下，学生可以像科学家和技术专家一样开展科研和产品设计，并通过积累丰富的经验，为他们参与各个领域的活动提供坚实的基础。一些过去无法开设的课程，也因为教学软件的普及而变得易如反掌。例如，火山爆发、山洪、地震、宇宙演变、生物进化、种子发芽、化学实验等。模拟训练的关键在于呈现给学习者非常逼真的真实生活的模拟环境，使学习者能够得到体验，而并不产生真实生活中的后果。它的目的是获得模拟现实中关于真实生活的感觉。它也能把现实扩展到不存在或者不常发生的情况，例如，一个飞行模拟训练器可以让一个飞行员体验不同的操作过程以获得操作经验，也能够让这个飞行员体验特别的暴风雨或战争环境。

2．发现教学模式

发现教学模式是一种以激发学生解决问题的欲望为核心的教学方式。在传统的课堂教学中，教师主要是通过让学生掌握大量知识点来提高他们的思维能力和记忆力。目前的教育趋势注重培养学生解决实际问题时使用各种认知策略的能力，而与此同时，对于概念本身的记忆和处理的重视程度则相应降低了一些。此外，当今的教育技术使学生的思维过程变得更加可见，他们可以随时追踪并监督自己的思考过程，这有助于他们掌握学习和思考的技巧。

3．开放教学模式

现代教育技术可以打破传统教学课程体系的限制，让教学更加开放、灵活、多样化。现代教育技术能够扩大学习者的资源和选择范围，使他们能够自由获取所需知识和工具，无需受限于信息或方法，能够满足个人和社会的需求。也就是说，开放式学习课程更具能够满足人们需求的优势。为了保持活力和竞争力，课程体系必须实现与外界的信息交流，以适应现代人的需求。通过运用现代教育技术，课程学习模式从局限性较强的封闭型转变为更具开放性的形式。除此之外，多媒体教学和网络资源所提供的内容不仅局限于某一学科，还包括各类综合信息和技术。这些信息和技术具有跨学科的特点，这意味着学生可以以其为媒介，从多个角度全面地认识科学、技术以及科技与社会之间的相互影响。

4．自学教学模式

自学教学模式得以实现的前提是现代教育技术的引入。现代计算机技术的应用已经为人们带来了许多好处，特别是在教育方面。学生可以利用计算机仔细研究科学活动的各个环节，如观察、数据收集、数据处理以及得出结论。此外，交互式计算机教学系统还能够给予师生有益的回馈，帮助学生更加熟练地选择和决策有关科学技术方面的概念和方法，从而激发他们更强烈的学习兴趣。随着计算机和网络的普及，学生可以轻松地接触到丰富多样、独具特色、更新迅速的信息资源。在信息资源丰富的时代，科学教育的重要使命之一是培养学生独立思考的能力，具体为让学生能够灵活运用科学知识和技能来解决日常生活中的问题，并掌握多种学习方案和策略，从而逐步成为具备创造性和判断力的综合型人才。

5. 网络互动教学模式

现代教育技术具备信息和技术资源的共享特征，这使得学生在使用计算机和网络资源时，不仅可以独立地探索和创新科学概念和技术，还能够积极创新团队合作学习的方法。学生们可以通过计算机网络相互交流。随着现代教育技术的发展，高等教育课堂的教学策略应该更多地倾向于鼓励学生采取互动模式进行学习。

6. 合作教学模式

教育和学习的最有价值之处，是教师可以通过创造学术团体和让学生加入其中的方式，为学生提供互动和合作的机会。参与这个学术团体可以让学生受益，使其在学习上获得更好的效果。学习方法具备实用性，具体表现为，能够帮助学生有效地获取新的知识和技能，并培养其多样化的思维方式，同时全面提高其智力和个人素养。通过合作教学模式，教师可以让学生更轻松地交流、加强互动和提升合作能力，同时在虚拟环境中获得更为逼真的学习体验。

第三节　信息化背景下的高等教育现代化

新兴的技术革新，以信息技术为主导，自 20 世纪五六十年代开始，它便推动了新兴产业变革。随着科技的迅猛发展，人类社会迅速进入第二次现代化时代。在这个演进过程中，教育现代化起着至关重要的作用。随着教育现代化的不断演进，教育信息化应运而生并快速发展。教育信息化与教育现代化是紧密相连的，二者不可分割。

一、教育信息化引领高等教育现代化的制约因素

教育信息化是高等教育现代化的基础和发展趋势，它在支持和推动高等教育现代化方面有两层主要体现：数量上的增加和质量上的提升。在“教育信息化促进高等教育现代化”的阶段，主要特征是扩大规模、增加数量，即“量变”，而“教育信息化引领高等教育现代化”阶段的主要特征则为“质变”，重点关注信息化创新，促进教育变革，进而对教育生态进行改造。由于转型理念的变化，“教育信息化引领教育现代化”在实践工作方面面临着转变的挑战，其关键不是仅在于建立技术环境和推广技术应用，还在于如何将技术的领先性质转化为教育变革的

重要动力。尽管各国普遍期待教育信息化能够实现理想化的目标，但历史和实践表明，拥有先进技术并不一定意味着教育能够得到有效提升。

自 1928 年至今，多项研究表明无论运用何种技术手段，教学效果并无显著区别。在 21 世纪，尽管“三通两平台”项目已经成功促使教育设备更新换代，但它并未带来教育领域的革命性转变。为什么技术的先进程度不能按照计划转换为教育的成果？该问题是高等教育现代化进程中必须应对的教育信息化挑战。很多人一直在研究这一问题，许多学者从不同角度探讨了它，其中包括学校教育和信息技术的关系、教育流程的复杂性以及教育理念等方面。这些研究没有关注到最关键的变量，即将技术先进性转化为教育有效性的因素。从实际角度看，我们国家一直坚持倡导先进的教育理念，倡导不断推动教育信息化工作的开展。我国信息技术高度先进，已经引起了金融、医疗、交通、军事等领域结构性的改变，但在教育领域，它的影响却相对较小。在笔者看来，实现有效教育的关键要素是基于先进技术进行转化，这一观点可以从以下两个角度进行阐述。

（一）技术的外生性导致信息技术与教育融合的滞后

从经济学角度来看，新型技术（如云计算、大数据和互联网）基于其颠覆性特质，可提升基础生产率，进而增加实际经济价值。所以，这些技术在不同领域的应用迅速普及开来。现代企业组织通过技术革新实现生产力的提升，然而涉及教育时，情况有所不同。在教育领域中，技术的重要性不仅表现在能够提高教学效率，更重要的是它能够提升教育质量，为个人未来的职业发展打下扎实的基础。只有将技术与教育相融合，才能真正发挥其所具备的作用。尽管绝大多数技术并非源自教育领域，但若想将一项新技术成功应用于学校教育，必须依次经历技术引入、进行二次开发、广泛推广并进行系统整合等多个阶段。学校文化、教育主体行为习惯和社会制度等可能会限制技术与教育融合的进展。另外，现代信息技术与传统的手工制造和现代机械技术有所不同，不再需要人们进行肢体操作，它可以逐渐形成自己的演进体系和发展逻辑，成为一种独立于人类的实体。对于某些技术用户来说，技术已经成为一种与自身相抗衡的外在异质因素。为了能够熟练运用教育技术，教师需要不断更新教学理念、知识体系和教学技能。

（二）教育的制度惰性消解信息技术变革的有效性

制度惰性是指受历史遗留问题、社会意识的传承、约束性规则的作用以及利益冲突等多种因素的制约，制度变革不会立刻发生，而具有较强的外部后发性表现特点。换句话说，制度惰性意味着制度变革需要先处理历史、文化、社会和政治等多方面的障碍，而后才能成功实现。

在第一次和第二次工业革命时期，教育模式随着工业的发展而不断演变。起初它的目的是满足社会对大量标准化技术工人的需求，因为那个时代需要大规模生产。同时，学校教育在满足工业化所需的标准化、高效化和规模化要求的基础上得以发展，历时 200 多年的演变使其体系高度固化。

自从人们确立现代学校制度以来，教育界一直将学生的学习时空视为特定场所和时间，教育工作者则按照学科和年龄划分进行组织，并采用统一的教学方法来传授同样的学科内容。秉持这种思维模式，家长会恪守规定时间将孩子送到学校，高等教育机构会根据学科需求培训教师，企业会通过学业成绩等标准来筛选员工，政府管理部门会通过集中化管理方式来监管学校管理。因此，家长、教育机构、企业和政府管理部门之间就存在一系列的规则、习惯以及相互间的利益关系，有些是正式的，有些则是非正式的。其中一方的变化会对其他方产生影响，这种影响会带来“牵一发而动全身”的效应。这些因素相互影响，使得教育制度出现固化现象。向高等教育界引进信息技术是为了注入新的动力，改变现有的教育生态平衡，加速教育服务、管理和组织方面的革新进程。这些创新可能违背现有的教育体系规定，在教育生态系统中可能会面临被排斥的风险。若缺乏适应的制度环境来提供支持，信息技术或许无法被充分利用，提升教育水平也就无从谈起。

二、教育信息化引领高等教育现代化的未来路向

基于以上对教育信息化引领教育现代化的制约因素的分析，着眼于未来，我们必须为教育信息化引领教育现代化确立基本路向。问题不只是从外部使教育现代化（虽然这是人们时常想做的事情），不只是简单地解决设备问题。只有当教育技术真正统一到整个教育体系中去的时候，只有当教育技术促使我们重新思考和革新这个教育体系的时候，教育和技术才会有交织。教育信息化对教育变革带来了重大影响，但它只是教育现代化的一部分，不一定能够引领整个教育现代化的进程。我们需要适应时代的发展，深刻理解教育信息化和教育现代化的内涵，不断优化教育制度，以合理的方式保护教育的精神品质和道德准则。

（一）准确把握教育信息化与教育现代化关系的时代内涵

首先，我们应该仔细思考教育现代化和教育信息化之间存在的关系，具体从

以下两个方面进行探讨：

第一，面对信息时代的来临，技术的领跑态势催生了诸多领域的颠覆性创新，推动了社会第二次现代化进程，加速推进了信息时代的高等教育现代化。“数字制造”和“工业 4.0”正在改变资本投资和劳动力投资的相对盈利能力，这种带技术偏好的经济变革引发的失业问题及人力资本新需求已经成为未来就业讨论的中心议题。在经济变革和就业压力等多种因素的推动下，非传统生源逐渐成为高等教育规模的最大增长点。受市场需求的驱动，大批互联网企业和传统教育培训机构纷纷瞄准在线教育“蓝海市场”，通过个性化和定制化等新兴教育形式不断挤压高等学校的生存空间。高等教育和社会之间形成的契约关系，不可能继续建立在工业社会所依赖的条款上。高等教育机构必须开拓新的道路来突破滞后的人才培养格局和服务方式，使高等教育变得更加开放、多元、全纳和终身，这便是信息时代的高等教育现代化。

第二，信息技术具有变革教育的巨大潜力，信息技术深度融合于教育的重要标志，即教育信息化高度内洽于信息时代的教育现代化。当前，在线学位、开放徽章学习成果认证、斯坦福大学“开环计划”、密涅瓦大学 O2O 办学体制等高等教育信息化创新实践，不断彰显信息技术开放、共享机制与教育现代化创新发展的高度一致性。这种高度一致性形塑着新时代高等教育的理念、目标、体系、制度、内容、方法、治理的现代化样态并丰富着其关系内涵。当前教育信息化与教育现代化的互动关系如图 5-3-1 所示。

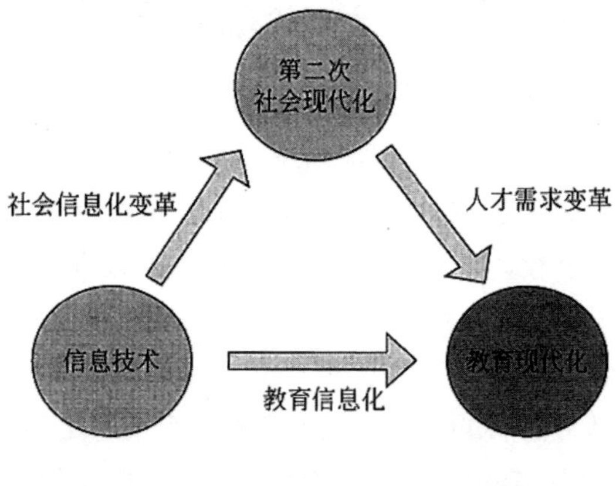

图 5-3-1　教育信息化与教育现代化的互动关系

我们需要认识到，在以往相当长的一段时期内，人们一直将技术视为外在工具，这就导致教育与技术之间存在疏离情况。“工具论”是一种教育理念，它能够有效适应以往的教育观念，旨在强调知识的客观性，强调教师需要先精通教育知识内容，然后选择合适的教学工具，以确保有效地向学生传授知识，从而达到高效的教学成果。然而按照该理念，学生仅被看作被动接受教师和教材灌输知识的受众，而技术则被视为传递这些知识的手段。一般来说，人们认为学生是知识的被动接受者，而教学过程则被视为教师按预先设定的蓝图机械开展教学活动的过程。即使教师使用最先进的技术，如果只是简单地对传统教育框架进行内容的重复和添加，那么现有教育模式是无法得到改善的，但互联网的免费与共享机制，虚化了大学的虚实界限，使学习者可以不受时间、地点和人数的限制，跨越学校围墙、突破国界分享世界各地的优质教育资源。在线职业培训和大规模开放在线课程的破坏式创新不断创造出新的教育形式和课程市场来挑战我们以往对高等教育的经验和认识。以此为背景，在推动教育现代化过程中，教育信息化主要面对的挑战并非来自技术方面，而是与教育本身相关。所有相关方都需要认真思考这些变化，并重新审视教育的核心原则、关键学科领域，以及学习与职业发展的互动方式的变化趋势。并且我们应当重新审视并改善高等教育体系，使教师观、学校观、学生观、发展观、课程观等顺应时代发展、契合技术特点，从而推动教育的革新。

（二）创新建设现代教育制度

技术创新和制度创新相互依存，彼此协同，互为补充，相互推动。在推动技术创新方面，制度创新起着至关重要的作用。良好的制度设计能够有效促进技术创新的繁荣，而制度设计不良则可能阻碍技术创新的进展。在高等教育领域中，我们可以看到技术创新和制度创新之间的关系。虽然先进技术能以更少的成本为更多人提供特色教育，但是教育系统本身就存在障碍，这些障碍由历史产物中的制度、社会惯例和相关的社会资源积累而成，使得教育难以通过技术突破，而且这些障碍可以被视作实际校门以外更难消除的教育隐性围墙。当前技术的不断发展促进了社会的深刻变化，然而学校教育并未能及时适应这一变化，这就表明教育制度和技术创新之间存在难以协调的问题。教育信息化的主要目的是利用信息技术的革新力量，促进教育现代化，进而改变传统教育的僵化局面，使学校教育和社会教育、正式和非正式学习、线上和线下学习之间实现互相补充，从而建立一个公平、开放、高质量的现代教育体系。这一过程中，我们需要改善多个方面，其中包括学校课程、学籍和学位管理等制度的转型与变革，而且我们有必要进行若干组织在架构层面的调整。只有这样，才能确保当代教育充分利用信息技术的优势，并使其实现可持续发展。高等教育应该探索创新的教学方式，如大规模开放在线课程、翻转课堂等，以改善教学和管理模式，提高高校培养优秀人才的能力；积极推动课程资源的共享，促进不同学校和地区之间的交流与合作。此外，我们还需要支持在线课程学分的互相认可，以便广大师生更高效地运用高等教育优质资源。我们可以利用先进科技，如大数据和云计算等，以及应用信息化手段，来提高高校的科研能力以及成果转化能力，进而在跨校合作的基础上加大协同创新的力度。在我国当前特有的高等教育管理体制下，我们仍然可以探索政府购买服务的新型教育信息化资源服务供给方式，开展基于大规模开放在线课程的混合式教学，推进非正式学习成果认证等符合中国特色的教育信息化工作机制创新，为高等教育现代化转型与变革提供指引，并创设必要的政策环境，这往往是至关重要的。

（三）理性守护教育的精神特质与伦理诉求

当前信息技术已经深度融入教学的各个层面，可以促使智能化学习环境的特色显著提升。与教育变革的科技引领密不可分的，还有学习方式、师生互动、组织管理、服务方式和教学评估的改变。不过，尽管有技术改革教育，在我们面前依然存在许多困难需要解决，我们需要采取相应的解决方案来加以改进。比如，怎样实现优质教育资源共建共享，打破地域和空间的局限？在数字化时代，怎样提高教师的综合能力，让他们更好地利用技术辅助教学，提高教学效果？怎样引导学生成为有理性的网络学习者，同时提升他们的自我控制能力？如何在教育信息化大量投资的前提下，准确评估技术投入与教育成果之间的关系？如何平衡技术创新和传统教育体系的思维、观念、制度和模式之间的差异？因此上述问题需要相关人员进一步深入研究和探索。若以高效率为导向的信息化是一种追求，那么教育则是一项注重培养人才，并具备“培根铸魂”精髓的社会任务。教育信息化的未来发展需要持续的渐进性变化，它是一个复杂的互动系统。我们应该以理性的态度看待教育信息化这种长期的变化趋势，共同保护教育的核心价值。

如何避免教育信息化进程中可能出现的一些伦理诉求也是值得给予足够的理性关注的。大规模开放在线课程为世界搭建了一个开放课程的交流与共享、博弈与对决的平台，并逐渐成为世界各国争夺教育主导权、进行价值输出的重要载体。我国有着最为庞大的高等教育市场，但大部分高等学校的教育水平与国外顶尖高等学校有一定差距，在这种情况下，我国的教育信息化进程面临着巨大的挑战。

为了应对这些挑战，我们需要理性关注并避免一些可能出现的伦理诉求。

首先，我们需要保护学生的隐私和数据安全。在大规模开放在线课程中，学生的个人信息和学习数据可能会被收集和分析，这需要我们建立严格的数据保护机制，确保学生的隐私和数据安全得到充分的保障。

其次，我们需要关注教育公平问题。在开放课程平台上，优质的教育资源可能会集中在少数顶尖高校，导致教育资源的不平等分配。因此，我们需要制定相关政策，鼓励高校和机构积极参与开放课程的建设，促进教育资源的公平分配。

再次，我们还需要关注知识产权问题。在开放课程平台上，大量的课程资源可能会被复制、传播和改编，这可能会侵犯原创者的知识产权。因此，我们需要建立有效的知识产权保护机制，确保课程资源的合法权益得到保障。

最后，我们需要关注教育质量问题。在开放课程平台上，课程的质量参差不齐，可能会存在低质量甚至有错误的课程资源。这需要我们建立课程质量评估机制，对课程资源进行严格的筛选和审核，确保课程质量得到保障。

参考文献

[1] 徐明波 . 高等教育发展的现代化治理研究 [M]. 北京：新华出版社，2019.

[2] 方在庆，朱崇开，孙烈，等 . 科技革命与德国现代化 [M]. 济南：山东教育出版社，2020.

[3] 卢晓中 . 现代高等教育发展研究 [M]. 青岛：中国海洋大学出版社，2009.

[4] 杨天平 . 创新与崛起：六国高等教育发展研究 [M]. 上海：上海交通大学出版社，2018.

[5] 张玉琴 . 日本高等教育均衡发展研究 [M]. 保定：河北大学出版社，2014.

[6] 贺天舒 . 高等教育信息化的改革与创新研究 [M]. 北京：中国商务出版社，2023.

[7] 樊旭，梁品超 . 高等教育信息化建设与人才培养模式研究 [M]. 长春：吉林人民出版社，2018.

[8] 吴岩 . 中国式现代化与高等教育改革创新发展 [J]. 中国高教研究，2022（11）：21–29.

[9] 刘海峰，韦骅峰 . 高瞻远瞩：中国高教 2035 与世界高教 2035[J]. 高等教育研究，2021，42（7）：1–10.

[10] 史静寰，叶之红，胡建华，等 . 走向 2030：中国高等教育现代化建设之路 [J]. 中国高教研究，2017（5）：1–14.

[11] 瞿振元 . 着力向课堂教学要质量 [J]. 中国高教研究，2016（12）：1–5.

[12] 眭依凡 . 高等教育现代化的理性思考 [J]. 高等教育研究，2014，35（10）：1–10.

[13] 周光礼 . 中国高等教育治理现代化：现状、问题与对策 [J]. 中国高教研究，2014（9）：16–25.

[14] 陈琳，陈耀华 . 以信息化带动教育现代化路径探析 [J]. 教育研究，2013，34（11）：114–118.

[15] 顾明远．试论教育现代化的基本特征 [J]. 教育研究，2012，33（9）：4-10.
[16] 田正平，李江源．教育制度变迁与中国教育现代化进程 [J]. 华东师范大学学报（教育科学版），2002（1）：39-51.
[17] 冯增俊．论教育现代化的基本概念 [J]. 教育研究，1999（3）：12-19.
[18] 杨英．以信息化推动职业教育教学现代化的中国探索研究 [D]. 徐州：江苏师范大学，2018.
[19] 崔艳丽．20 世纪 80 年代以来英国高等教育治理研究 [D]. 南京：南京师范大学，2014.
[20] 陈垠亭．教育现代化进程中学校德育体系问题研究 [D]. 郑州：郑州大学，2015.
[21] 王玉珊．日本教育及其在经济发展中的作用研究 [D]. 大连：东北财经大学，2013.
[22] 孙桂丽．区域教育现代化指标体系研究 [D]. 苏州：苏州大学，2009.
[23] 胡弼成．高等学校课程体系现代化研究 [D]. 厦门：厦门大学，2004.
[24] 孔凡士．高等教育信息化的理论研究与实证分析 [D]. 武汉：武汉理工大学，2003.
[25] 荀渊．中国高等教育从传统向现代的转型：对 1901-1936 年间中国高等教育变革的考察 [D]. 上海：华东师范大学，2003.
[26] 张平海．中国教育早期现代化研究 [D]. 上海：华东师范大学，2004.